CONTES

ET

NOUVELLES

PAR

M. MERVILLE.

✳

TOME PREMIER.

✳

PARIS

AMBROISE DUPONT ET Cie, LIBRAIRES,

QUAI VOLTAIRE, N. 15, ET RUE VIVIENNE, N. 16.

1829

IMPRIMERIE DE J. TASTU.

CONTES

ET

NOUVELLES.

CONTES

ET

NOUVELLES

PAR

M. MERVILLE.

✻

TOME PREMIER.

✻

PARIS

AMBROISE DUPONT ET Cᴵᵉ, LIBRAIRES,

QUAI VOLTAIRE, N. 15, ET RUE VIVIENNE, N. 16.

1829

LE PANIER

D'ARGENTERIE.

LE PANIER

D'ARGENTERIE.

Jacques Duhamel, né dans la pauvreté, avait reçu de ses sages et honnêtes parens l'éducation qui convenait le mieux à sa mauvaise fortune : peu de vain savoir, mais l'exemple d'une vie laborieuse et les conseils de la plus sévère probité. Ces précieuses semences portèrent leurs fruits. Au sortir de l'école où il avait appris à lire et à calculer, comme il est utile à un artisan

de le savoir, Jacques fut mis en ap--
prentissage chez un maître orfèvre. Son
zèle, son intelligence et son honnêteté
lui gagnèrent bientôt l'estime et l'affection des personnes avec lesquelles sa
profession le mettait en rapport, et il
avait à peine atteint sa vingt-cinquième
année, que la bienveillance qu'il avait
su éveiller en eux lui procura un mariage et un établissement avantageux.

Madame Duhamel n'avait pas reçu
une éducation beaucoup plus brillante
que son mari. Elle était douce, modeste, et ne se piquait que de lui plaire
et de le rendre heureux. Il lui payait ses
bons soins au centuple.

Deux années s'écoulèrent ; un fils
naquit à M. Duhamel : cet enfant coûta
la vie à sa mère. Que ne mourut-il lui-
même ! ou pourquoi son malheureux

père ne succomba-t-il pas à la douleur dont il fut accablé ? Les vues de la Providence sont impénétrables.

Un autre malheur avait encore frappé l'honnête Duhamel : les vertus ne sont pas toujours un rempart contre les coups du sort. Il avait une sœur de quelques années plus âgée que lui; il lui avait dû les soins les plus tendres dans son enfance, et en conservait un vif souvenir ; il la perdit presque en même temps que sa femme. Il en fut inconsolable, car ne se croyant pas en droit de disposer du bien qu'il tenait de son mariage, il n'avait encore pu donner que de faibles marques de sa reconnaissance à cette sœur chérie. Elle laissait une fille, il la prit, et forma le dessein de la marier au fils dont il bénissait la naissance toute funeste qu'elle

lui était déjà. « Pauvre petite! lui dit-
il comme si elle le comprenait, tu es
ma fille par les sentimens de mon
cœur; tu la seras encore par l'autorité
de la loi. »

Ses talens, son activité, une sage
économie, accroissaient chaque jour sa
fortune, et le mettaient à même de ne
rien négliger pour l'éducation de ses
enfans; elle fut excellente. Angélique
(c'est le nom de la fille adoptive de
M. Duhamel) y puisa la connaissance
et l'amour de ses devoirs; elle lui dut
aussi quelques-uns de ces talens agréa-
bles qui répandent du charme sur les
existences même les plus modestes. Ils
ne lui servaient pas à briller, mais elle
les employait heureusement à adoucir
quelques ennuis, quelques-uns de ces
petits chagrins dont une vie calme et

sans reproche ne se trouve pas toujours exempte.

Quant à Lucien, il fut mis de bonne
heure en pension, et le cours de ses
études ne fut pour lui qu'une suite de
triomphes dont son père était plus
enivré que lui-même.

Cependant le temps de le rappeler
à la maison arriva. Il venait de finir sa
philosophie : il s'agissait de lui faire
choisir un état. Cet écueil de tant de
mérites de collége fut une épreuve dont
Lucien ne sut pas sortir avec avantage.
M. Duhamel penchait pour le commerce; mais il ne l'y voyait point porté
d'inclination, il ne voulait point faire
violence aux goûts de son fils, ni con-
trarier ce qui aurait pu être en lui une
vocation.

Le jeune homme tardait à se décider.

Il n'avait pas l'imagination calme du bon
Duhamel ; il entrait dans l'âge des passions et leur payait un premier tribut
par des hésitations qui tenaient autant
de la vanité que du caprice. Il y avait de
belles parties dans l'étude de la méde-
cine, mais son cœur se soulevait à
l'idée de quelques autres ; et comme il
n'y était pas poussé par l'amour de
l'humanité, il craignait qu'il n'y eût
quelque indignité à se faire un moyen
de fortune d'une si noble profession.
La gloire de l'avocat, celle de l'homme
de lettres, le tentaient ; mais il ambi-
tionnait des succès prochains ; et les
obstacles sans nombre dont l'entrée de
ces belles carrières est semée, le rebu-
taient un peu. Les sciences lui parais-
saient en général basées sur trop d'hy-
pothèses et de conjectures : comment

se hasarder de gaieté de cœur à propager de fausses doctrines, ou à en être la première dupe ? Il ne partait pas d'assez haut pour compter sur une position tant soit peu flatteuse en diplomatie ; il n'aimait pas la guerre et ne faisait aucun cas de l'administration ; rien ne lui était donc moins aisé que de prendre un parti, et il demeurait chez son père en proie aux ennuis de l'incertitude et de l'oisiveté : position dangereuse dont les écueils cachés lui furent bientôt découverts.

Tout en s'affligeant de ses indécisions et de ses délais, le bon M. Duhamel admirait cependant en secret la précoce sagesse de son fils. Constamment vaincu par le jeune philosophe dans l'argumentation, il n'était pas éloigné de prendre des raisonnemens spécieux pour la raison même. » Il en sait plus que moi, se disait-il modestement ; il est naturel qu'il se conduise par ses propres lumières et non par mes vues bornées. »

Cependant il lui laissait une entière liberté ; il avait soin que sa bourse fût toujours honnêtement garnie ; seulement il voulait savoir à quoi le temps et l'argent s'employaient.

Au commencement c'était un compte facile à rendre : les cours au Jardin des Plantes, au collége de France, les menues dépenses qu'ils entraînent ; quelques places dans les divers spectacles de la capitale ; toutes choses qui passaient sans observations et sans contrôle. Peu à peu cependant les leçons et autres motifs d'absence se multiplièrent ; la petite pension

que le père payait à son fils devint insuffisante, et de fréquens supplémens
furent sollicités. Mais ces demandes
étaient toujours appuyées de motifs si
justes et si raisonnables! Un père moins
prévenu que Duhamel les eût même
accordées sans peine. Il ne faisait qu'un
reproche à Lucien : c'était de se livrer
à l'étude avec trop d'ardeur, et d'y sa-
crifier son repos et sa santé. «Le savoir
est une belle chose, lui disait-il quelquefois, mais à cela comme à tout le
reste il me semble qu'il doit y avoir des
bornes. Les nombreux établissemens
scientifiques de Paris ne suffisent plus
à ton désir d'apprendre ; tu vas herbo-
riser, chercher au loin des amphithéâ-
tres et des cabinets curieux ; ce sont des
fatigues ; et les nuits que cela te fait passer hors de la maison, tu as beau me

dire que tu les consacres au repos, mon
amitié ne s'y trompe pas ! Il y a d'abord
dans ton accent quelque chose, un certain embarras qui dément tes discours;
et la langueur de ton corps, l'altération de tes traits parlent bien plus haut
encore. Mon ami, ménage-toi, prends
plus de soin d'une vie qui m'est cent
fois plus précieuse que la mienne, et
ne me fais pas regretter d'avoir cédé à
l'ambition peut-être peu prudente de
te mettre dans le monde à une place
plus distinguée que celle que j'y oc-
cupe. — Mon père, répondait le jeune
homme, je ne saurais avoir trop de reconnaissance pour une tendresse si vive
et si touchante ; mais elle vous alarme
sans causes réelles. Ces courses, que
vous appelez des fatigues, ne sont à mon
âge qu'un exercice salutaire ; et je vous

proteste de nouveau que je ne donne à l'étude aucun des momens réclamés par mon repos. »

M. Duhamel se taisait sans avoir l'air d'être convaincu, et Lucien continuait à s'absenter des journées et des nuits entières, comme s'il eût satisfait ce bon père sur ses tendres inquiétudes.

Sur ces entrefaites mademoiselle Angélique, dont l'éducation venait d'être aussi terminée, vint prendre place au comptoir de son oncle, et le bon M. Duhamel ne tarda pas à s'apercevoir que son fils devenait un peu plus sédentaire. Il se rappela tous ses projets et se flatta de l'aimable espoir de les voir bientôt se réaliser.

Il faut cependant expliquer par ses véritables motifs la conduite équivoque de Lucien. Il trompait son père ; d'irré-

solu qu'il était sur le choix d'un état,
il n'avait pas tardé à devenir indifférent ; les passions, contre lesquelles il
n'y a de sauvegarde que dans une vie
active et préoccupée de quelque grand
objet, les passions avaient sans peine
triomphé de lui, et l'escorte de vices
dont il est rare qu'elles ne marchent pas
accompagnées, était entrée avec elles
dans son cœur. Les mauvaises fréquen-
tations, toujours plus attrayantes pour
un désœuvré que les bonnes, l'avaient
conduit par degrés de la dissipation au
libertinage, et l'on a déjà pu voir que
l'hypocrisie même ne lui avait pas paru
trop odieuse puisqu'il trompait sans
scrupule le père le plus confiant et le
plus tendre.

Une jeune ouvrière en linge, Adèle
Bruneau, avait eu le malheur de se

trouver sur son chemin. Elle était jolie,
naïve; sa pauvre mère, vieille et in-
firme, n'avait qu'elle pour soutien, et
la malheureuse enfant ne possédait elle-
même que l'insuffisante ressource d'un
travail d'aiguille.

Beaucoup de nos *femmes honnêtes*
jouissent orgueilleusement de l'honneur qu'une vertu facile leur procure;
elles seraient moins fières si elles son-
geaient quelquefois à ce qu'il en peut
coûter à d'autres pour ne pas s'écarter
des règles austères du devoir. La pauvre Adèle se laissa séduire. On peut la
blâmer sans doute, mais son séducteur
fut plus coupable qu'elle.

On connaît les véritables causes des
absences que lui reprochait son père;
ses herborisations, ses excursions scientifiques, tout se passait dans un appar-

tement où il avait mis sa maîtresse. Et si, à la fin, le bon M. Duhamel, s'applaudissant de le voir plus sédentaire, attribuait cet heureux changement à l'effet des charmes d'Angélique ; c'était une nouvelle erreur. Ce n'est pas que son aimable nièce manquât d'attraits, et que Lucien ne la trouvât cent fois préférable à la pauvre Adèle dont il avait obtenu tout ce qu'il voulait ; mais, pour triompher de celle-ci, il n'avait épargné aucun genre de séduction ; le mot *mariage* était même sorti de sa bouche, et sa promesse, qu'il n'avait jamais songé à tenir, lui était souvent rappelée par sa victime. Il craignait un éclat ; l'austérité des principes de son père lui était connue, et il savait que, malgré la tendresse de cet excellent homme, il n'y avait point d'indul-

gence à en attendre pour de semblables
torts. Ce n'est pas tout ; il avait su obtenir d'Adèle qu'elle cachât tout à sa
mère. La bonne femme était aveugle :
il n'avait pas été fort difficile de la tromper sur beaucoup de circonstances.
L'appartement où le déshonneur de sa
fille avait été consommé était au nom
de Lucien : c'était là que la malheureuse enfant passait les journées, et une
partie des nuits qu'elle était censée con-
sacrer aux devoirs de sa profession. Elle
pouvait se tenir plus propre et plus soi-
gnée qu'auparavant, sans que cela fît
faire aucune observation. L'ordinaire
plus sain, plus abondant, qui étonnait
quelquefois la bonne femme, s'expli-
quait naturellement par le travail plus
assidu de la jeune ouvrière, et l'ac-
croissement d'habileté que vraisem-

2

blablement elle avait dû y gagner.

Un fait d'une bien autre importance avait même été dissimulé à la pauvre femme : Adèle était devenue mère, et sa faute, désormais irréparable, lui avait acquis auprès de Lucien des droits sur lesquels il n'osait plus élever la moindre contestation : sa situation était extrêmement embarrassante. Les frais d'établissement d'un ménage qu'il avait monté sans trop considérer l'avenir, l'entretien journalier d'une famille, les couches d'Adèle, tout cela lui avait coûté beaucoup plus que son père ne lui donnait, et il se trouvait chargé de dettes qu'il ne savait comment acquitter. Quelques – unes de ces dettes étaient d'autant plus pressantes, qu'elles avaient été contractées par la jeune ouvrière, et que sa conduite, mieux connue du public que de sa mère, n'était pas propre à faire prendre confiance en elle.

Ceci durait depuis plusieurs mois, quand mademoiselle Angélique rentra chez son oncle, et que celui-ci attribua à sa présence le changement qu'il remarqua dans les habitudes de son fils.

Ce changement était réel, mais il s'en fallait de beaucoup que le motif en fût aussi pur que le bon M. Duhamel se le figurait. En ayant l'air de prendre plus de goût au séjour de la maison paternelle, Lucien ne cherchait qu'à se ménager des occasions de mettre la main à la recette, et d'en détourner ce qu'il pouvait.

Un jour, son embarras devint plus pressant encore : le Bureau des nourrices fit demander à la jeune mère les

mois échus de la nourriture de son enfant, et la demande contenait des menaces de poursuites toujours impitoya-
blement exercées. La liberté de la pauvre petite était même en péril. Comme
si ce n'était pas assez pour lui faire expier une faute qu'elle se reprochait
amèrement au fond de son cœur, le
propriétaire de la maison où elle lo-
geait, homme dur et intéressé, vint réclamer deux termes arriérés, en n'an-
nonçant rien moins que l'intention de la
mettre dehors, et de retenir ses meu-
bles. Tout cela ne se passa pas sans ré-
proches, sans mots insultans qui ins-
truisirent la pauvre mère de ce qu'on
avait mis tant d'art et de soin à lui ca-
cher. Son étonnement, sa douleur, sont
inexprimables.

Lucien venait voir Adèle; il allait se

trouver entre elle et sa mère dans les premiers transports causés par un coup si imprévu; une voisine l'avertit. Il ne monta pas; il reprit le chemin de la boutique de son père, roulant dans sa tête mille pensées sinistres, et des projets dont le plus coupable ne lui paraissait pas le moins bon, pourvu qu'il fût prompt et facile; voici celui auquel il s'arrêta.

M. Duhamel, qui s'était distingué dans les dernières expositions de l'industrie nationale, et qui avait reçu justement une récompense trop souvent accordée à l'intrigue et au faux mérite; M. Duhamel, dont les affaires devenaient chaque jour plus actives et plus étendues, devait expédier incessamment pour le Brésil une commande d'argenterie considérable. Au risque de

compromettre le crédit, l'honneur de
son père, Lucien résolut de marquer
lui-même cette argenterie d'un faux
poinçon, et de retenir la somme due
pour l'acquittement de ce droit. Il n'i-
gnorait pas que la découverte de cette
fraude pouvait devenir le coup de la
mort pour son père; mais, comme tous
ceux qui se laissent préoccuper de l'idée
d'un crime, il lui parut impossible que
ce malheur arrivât. Comment oserait-
on soupçonner une maison dont la probité était généralement connue? Puis,
cette argenterie n'était pas destinée à
circuler dans l'intérieur du royaume;
il ne s'agissait que de lui faire franchir
la frontière; ce à quoi le nom bien famé
de Duhamel était merveilleusement propre; au-delà, quel moyen de vérification
avait-on à redouter? C'étaient là des

probabilités, il les regardait comme nécessaires, et il oubliait le hasard, cet
éternel ennemi des criminels, si habile
à découvrir leurs actions, et à les mettre au grand jour.

Quand il arriva, il trouva son père
occupé à préparer l'envoi pour le faire
porter à la Monnaie par son chef d'atelier. Il se fit charger de la commission,
partit avec des porteurs qu'il choisit selon ses vues, et revint une heure après,
fort empressé à faire emballer les marchandises. Il est inutile de dire qu'au
lieu de se rendre à l'Hôtel-des-Mon-
naies, il s'était retiré chez un de ses
amis, où le faux par lui médité déjà
depuis long-temps avait enfin reçu
une pleine et entière exécution.

En son absence, quelques événemens
assez importans se passèrent dans la

maison de son père. Théodore Renaud, le chef d'atelier dont nous avons parlé, jeune homme recommandable sous le rapport de ses talens, de son caractère et de ses mœurs, ignorant les projets de M. Duhamel sur sa nièce, avait eu la veille un entretien avec celle-ci. C'était à l'occasion du mariage d'un des ouvriers de la fabrique. En le voyant aller chez le notaire avec sa fiancée : « Le voilà bien heureux, dit-il, je ne puis me défendre d'un sentiment d'envie à l'idée du bonheur qui l'attend.

» — Ah ! monsieur Théodore, répondit la jeune fille, ce sentiment serait si indigne de vous, que vous ne l'éprouvez pas, j'en suis persuadée.

» — Vous ne savez pas ce que c'est, Mademoiselle, que de voir les autres en

possession d'un sort qu'on a désiré.....
et auquel il ne nous est pas permis de
prétendre.

» — Comment donc? Aimeriez-vous
celle qu'il épouse ?

» — Non... c'est une autre que... Le
cœur se laisse prendre quelquefois avant
que la réflexion ait pu l'éclairer... Et
quand on vient à consulter la raison
sur le choix qu'on a fait, on demeure
souvent effrayé!...

» — Auriez - vous eu le malheur de
jeter les yeux sur une personne qui ne
mériterait pas ?..

» — Ah! Mademoiselle, si j'osais
vous la nommer!... Je ne parle pas de
sa beauté, de ses grâces... Mais ses vertus! la réunion des qualités les plus
rares... voilà ce qui m'intimide. Car
enfin, je regarde ce que je suis : je n'ai

T. I. 3

ni état, ni fortune, ni considération
dans le monde...

» — Vous êtes jeune; vous possédez
des talens distingués... car, malgré votre modestie, nous savons, mon oncle
lui-même se plaît à dire quelle part
vous avez dans les succès qu'il a obte-
nus, et qui lui ont valu de flatteuses ré-
compenses. Votre conduite comme chef
de ses ateliers, votre probité bien connue, vous feront un état aussitôt que
vous le voudrez sérieusement. Que
croyez-vous donc qu'on puisse vous
demander de plus?

» — Est-ce là vraiment l'opinion
que vous avez de moi?

» — C'est celle de tout le monde;
c'est ce que j'entends répéter à chaque
instant. »

Ces derniers mots furent prononcés

par mademoiselle Angélique avec une
extrême naïveté. Théodore la regarda,
se tut un instant ; puis, après les indi-
ces certains d'un combat intérieur très-
violent, il reprit en ces termes :

« Tenez, Mademoiselle, plus de dé-
tours. Puisque l'occasion m'a fait rompre le silence que je croyais pouvoir
garder toujours, pardonnez-moi de
m'expliquer franchement : c'est vous
que j'aime !

» — Moi, Monsieur ! » s'écria Angélique avec une surprise mêlée de confusion.

« Oui ! vous, reprit Théodore avec
feu. Que mon indiscrétion ne vous fasse
pas regretter vos paroles. Je suis inca-
pable d'abuser de rien. Souffrez que
je m'adresse à votre oncle. »

Rentrant aussitôt dans le calme qui

lui était habituel: « Je ne prétends rien rétracter, reprit la jeune personne ; cependant j'avoue que si vous aviez commencé par me dire qu'il s'agissait de moi, j'aurais été moins inconsidérée. Je ne puis autoriser aucune démarche auprès de mon oncle... Peut-être a-t-il déjà formé quelque projet pour moi... Vous n'ignorez pas ce que je lui dois. Parlez-lui si vous voulez; mais, dans le cas où il se serait arrêté à quelque résolution pour mon établissement, je vous déclare qu'il me trouvera prête à lui obéir. »

Il y avait trop de raison dans cette réponse, et Théodore était trop honnête homme pour insister. On lui permettait de parler à M. Duhamel; c'était beaucoup : il se mit à en épier l'occasion.

Elle ne se présenta pas de la journée. Le lendemain, à l'heure où les ouvriers prenaient leur repas du matin, tandis que Lucien était dehors avec les marchandises à poinçonner, Théodore, demeuré seul dans l'atelier, attendait que son maître y parût selon l'usage, et songeait à la manière dont il entamerait l'entretien ; une jeune inconnue parut, elle entra d'un air craintif. Elle était jolie, mais une profonde douleur semblait l'affecter, et ses traits offraient les marques d'un grand désordre.

« Que voulez-vous? » lui demanda brusquement Théodore qu'elle venait troubler dans ses intéressantes réflexions.

« Monsieur... Monsieur...

» — Entrez.

»— Je désirerais... Je suis chez monsieur Duhamel?

» — Oui.

» — Monsieur Lucien ?...

» — C'est le fils de la maison.

» — Je le sais... Est-il ici ?

» — Pas pour le moment. » Et l'inconnue était toute tremblante.

» — Remettez-vous, » lui dit Théodore avec douceur et en lui avançant une chaise.

« Non, non... N'y a-t-il pas dans cette maison une jeune demoiselle, parente de Lucien?

» —De monsieur Lucien? oui : mademoiselle Angélique, sa cousine. Voulez-vous que je la prie de venir?

» — Hélas! si je croyais qu'elle voulût m'entendre avec un peu d'indulgence... Vous la connaissez, Monsieur;

on la dit belle... Si son ame est compa-
tissante!...

» — Vous paraissez bien affligée ;
soyez sûre qu'elle prendrait part à vos
peines.

» — Ah ! mes peines sont affreuses...
et n'inspirent point de pitié aux personnes de mon sexe... »

Théodore lui prenant la main et la regardant avec attendrissement : « Mademoiselle, la personne dont vous parlez
n'a aucune faute à se reprocher.... Le
cœur de celles-là n'est jamais inexo-
rable. »

Il baissa la voix et en adoucit l'in-
flexion en prononçant ces mots. La
jeune fille, excitée à la confiance par
cette intention bien marquée de la ménager, continua avec plus d'assurance.

« Je suis bien malheureuse ! s'écria-telle, et d'autant plus que c'est par ma faute. Oui, Monsieur, j'ai oublié tous mes devoirs; j'ai perdu ma propre estime, et ce n'est pas pour moi que je viens demander de la pitié. J'ai fait le désespoir, j'ai causé la ruine de tout ce qui devait m'être cher, de tout ce qui était en droit de compter sur mon appui et sur mes consolations. Au moment où je vous parle, ma mère, ma pauvre mère expire peut — être... Et c'est moi qui lui ai porté le coup de la mort ! » Ses pleurs, ses sanglots la suffoquèrent.

« Infortunée , lui demanda Théodore en la soutenant dans ses bras, que venez-vous donc chercher ici?

» — J'avais promis de n'y jamais paraître, répondit-elle, et le désespoir seul pouvait me faire manquer à ma parole. »

On a déjà soupçonné que c'était la malheureuse enfant séduite par Lucien. Les huissiers étaient chez elle ; on saisissait le peu qu'elle possédait ; et son enfant, ramené de nourrice faute de paiement, était menacé d'être jeté à la Pitié par une froide barbarie qu'on décorait du nom d'humanité.

Théodore lui donna quelque argent pour pourvoir au plus pressé... Il n'était pas riche. « Courez chez vous, lui dit-il, vos malheurs ne me paraissent pas entièrement irréparables ; laissez-moi chercher les moyens d'y remédier. Je parlerai à Lucien, et je ferai en sorte que vous receviez de prompts secours. Surtout, ne revenez pas indiscrètement dans cette maison, et comptez sur moi. »

Elle allait répliquer ; Théodore lui fit signe de se taire. M. Duhamel entrait

dans l'atelier; il fut obligé de faire place
à la jeune fille pour qu'elle sortît. Il la
regarda beaucoup, et quand elle eut
disparu, il reporta les yeux sur son
chef d'atelier avec de grandes marques
d'étonnement.

« Cette petite fille est bien émue, lui
dit-il après un moment de silence; que
voulait-elle? Je ne pense pas l'avoir encore vue ici.

»—C'est aussi la première fois qu'elle
y vient, répondit le jeune homme avec
un peu d'embarras; elle est bien malheureuse!

» — Qu'a-t-elle?

» — La pauvre petite s'est laissé séduire.

» — Séduire! j'entends. Quand elles
ont manqué au plus important de leurs
devoirs on les a séduites. Grand mot

vide de sens! Il n'y a de séduction que
le vice et le libertinage. Elles savent
toutes ce qu'elles font en succombant,
et la plupart même ont souvent à se
reprocher d'avoir fait les premiers
pas.

» — Elle a un enfant.

» — Ah!... un enfant... un malheureux!

» — Il n'est pas coupable lui, du
moins.

» — Non, certes!... Pauvre innocent... Et quel est le père? est-ce quelqu'un de chez moi?

» — J'ai promis le secret.

» — Vous avez eu tort; ma maison
n'est ni une congrégation ni un cloî-
tre; mais je n'y veux pas de désordre.
J'ai un fils, j'ai une nièce dont l'ame et
les mœurs sont pures de toute corrup-

tion ; je ne veux pas les scandaliser par
de mauvais exemples.

» — Ah! mademoiselle votre nièce...

» — Elle est aimable, sage, n'est-ce
pas ?

» — Et belle !

» — Ça ne gâte rien, sans doute ;
mais je n'estime que les qualités dura-
bles ; celle-là passe trop vite. C'est à elle
que vous vous laissez prendre avant
tout, vous autres jeunes gens : voilà
pourquoi les bons ménages sont si
rares.

» — Ah! celui qui aura le bonheur de
posséder une femme comme mademoiselle Angélique et qui saura l'apprécier,
aura reçu sa part des félicités de ce
monde.

» — J'aime à en entendre parler de
la sorte.

» — Y aurait-il de l'indiscrétion à vous demander ?...

» — Quoi ?

» — Si vous avez déjà fait un choix pour elle.

» — Oui, oui, son sort est fixé : elle sera la femme de mon fils.

» — De Lucien !

» — Sans doute.

» — Ah !

» — Vous avez l'air de ne pas approuver ce mariage.

» — Moi !

» — Quel inconvénient y trouvez-vous ?

» — Aucun.

» — Lucien est un sujet, il a été un peu indécis jusqu'à ce jour ; mais quoi-qu'il ne me l'ait pas déclaré, je vois qu'il se fixe, je vois qu'il prend goût au

commerce. Avec les qualités brillantes
qu'il doit à son éducation, il peut aller
aussi loin par cette voie que par toute
autre. Un peu d'ambition n'est pas dé-
fendu : voilà toute la mienne. J'ai vécu
avec honneur, je mourrai content,
et, pour parler ton langage, j'au-
rai reçu ma part des félicités de ce
monde. »

Théodore se tut. Monsieur Duhamel
lui trouva ce jour-là l'air un peu ex-
traordinaire ; il crut que cela venait de
l'émotion causée par la jeune fille ; il
dit deux mots sur la nécessité de la marier à son séducteur ; et passa dans son
magasin où il trouva Angélique occupée de la tenue de ses livres.

Voilà ce qui s'était passé en l'absence
de Lucien.

Nous avons dit qu'il se hâta de faire

emballer les marchandises qu'il rap-
portait; et l'on en conçoit la raison : il
fallait promptement ôter à son père
l'occasion de vérifier les marques dont
elles venaient d'être revêtues.

Pendant cette opération, Théodore
s'approcha de lui et lui fit part de la
visite d'Adèle. Il en fut troublé au dernier point. L'argent du poinçonnage
était en sa possession, et suffisait à plus
que les besoins présens n'exigeaient;
mais les secours devaient être prompts,
et il n'osait pas sortir avant que la dernière pièce de l'envoi fût en caisse.

Il était dans cette perplexité, pressant l'ouvrier chargé de l'emballage,
et le retardant en voulant lui-même
mettre la main à la besogne pour la
faire aller plus vite, quand on vit un
cabriolet s'arrêter à la porte du maga-

sin. Un homme en descendit , et ayant
appelé un commissionnaire auquel il
donna son cheval à tenir , il entra.

« Bonjour, monsieur Duhamel, » dit-
il familièrement au maître de la maison.
Et comme celui-ci le regardait avant de
répondre : « Ne me reconnaissez-vous
pas? ajouta-t-il; Derville, contrôleur
des monnaies. »

Ces derniers mots furent comme un
coup de foudre pour Lucien; il se troubla et perdit le peu de liberté d'esprit
qu'il lui fallait pour continuer sa besogne presque achevée. Mais comme
M. Duhamel attirait l'attention de l'é-
tranger en lui répondant et fixait sur
lui toute la sienne , le trouble du
jeune homme ne fut pas remarqué.
« Je viens de recevoir, dit M. Derville, une somme sur laquelle je ne

comptais pas; je veux faire une surprise à ma femme, lui porter ce soir
un service d'argenterie qu'elle me demande depuis long-temps.

Lucien commença à se remettre, car
il vit que la visite du contrôleur ne le
regardait pas.

«Qu'est-ce que vous avez là? demanda
celui-ci en jetant un coup-d'œil sur
les marchandises qu'on emballait. Lucien se plaçant vivement devant lui :

« Monsieur, dit-il, ceci n'est pas
à vendre; c'est une commande pressée
qui va partir pour l'étranger.

» — L'étranger attendra : on doit
bien un peu de préférence à un compa-
triote, à un ami. Car bien que vous
ayiez de la peine à me reconnaître, je
suis le vôtre, ajouta Derville en prenant
la main à Duhamel.

4

» — Vous me faites honneur, Monsieur, répondit l'honnête commerçant; et il ordonna à son fils de mettre sous les yeux de M. Derville les marchandises qu'il désirait. Le jeune homme voulut encore faire quelques objections; son père lui imposa silence. « Nous trouverons moyen, dit-il, de remplacer ce que Monsieur prendra; tout s'arrangera cette nuit en quelques heures de travail, et notre expédition n'aura éprouvé qu'un très-léger retard. — J'ai cinq mille francs, dit le contrôleur; il faut m'employer cela. »

On fit un lot de cette valeur, et quand on en voulut vérifier le poids : « Votre probité est connue, monsieur Duhamel, dit Derville; je m'en rapporte parfaitement à vous. L'honnête marchand insista néanmoins et la véri-

fication eut lieu. « Je ne vous demande
votre confiance que pour la main-d'œuvre, dit-il ; quant au poids et au titre
de ces matières, ils ne doivent rien offrir
d'arbitraire et d'incertain. » En prononçant ces mots il retourna un plat, et
indiquant du doigt la marque dont il
était empreint : « Ce poinçon, dit-il
en riant, vous est connu ; sans doute
vous vous y fiez. »

Lucien sentit son corps trembler et
ses jambes se dérober sous lui.

Cependant par l'effet d'une prévention bien facile à concevoir, M. Derville ne regarda pas ce qu'on lui mon-
trait. Il s'approcha du comptoir où
était Angélique, paya, et prit plaisir
à voir la jeune personne faire au courant de la plume une facture qu'un maître, il n'y a pas bien long-temps encore,

eût pu donner comme un modèle de légèreté et d'élégance.

Duhamel lui demanda comment il comptait emporter son acquisition. « C'est à la campagne que je vais, répondit Derville ; mais j'ai beaucoup de courses à faire : je ne puis partir que tard et seul ; mon domestique est malade. Or, j'ai imaginé une petite ruse de guerre. J'ai là, dans mon cabriolet, un panier de fruit ; je mettrai cela au fond, et, en cas d'accident, l'ennemi sera facilement trompé.

» — Vous allez donc loin !

» — Non, mais je traverse le bois de Romainville. Il ne m'arrivera probablement rien ; cependant la précaution n'est pas moins bonne à prendre. »

Lucien devint rêveur.

M. Derville sortit un moment et rentra avec un panier qu'il venait de prendre dans son cabriolet. On en ôta les fruits, on plaça l'argenterie au fond, et après l'avoir recouverte d'un fort lit de paille bien ficelé, on remit dans le panier tous les fruits qu'il put contenir. « Au moyen de cette petite invention, dit en riant M. Derville, je défie les plus fins amateurs. »

On l'aida à monter dans sa voiture, à y loger le précieux panier ; et il s'éloigna en saluant cordialement tout le monde.

Quand il fut parti, M. Duhamel rappela à son fils et à sa nièce qu'ils avaient promis de se trouver au repas de noce de l'ouvrier dont nous avons parlé, et qu'il était temps de s'y rendre. Théodore était de la partie ; Lucien se sentit tout-à-coup incommodé ;

on remarqua qu'il était très-pâle; il rassura son père qui commençait à s'alarmer. « Je sens que cela ne sera rien, dit-il, un léger trouble dans la digestion... Je vais me jeter sur mon lit. Une heure de sommeil en favorisant l'action de l'estomac suffira pour rétablir l'équilibre dans la circulation et tout réparer. Partez, excusez-moi auprès des mariés. » Comme M. Duhamel allait répliquer : « Partez, ajouta-t-il, ne vous privez pas, ne privez pas ma cousine d'une partie de plaisir depuis long-temps projetée. Si dans une couple d'heures je me sens assez bien remis, j'irai vous rejoindre. »

Tout cela était raisonnable : malgré un peu d'opposition de la part de mademoiselle Angélique, on laissa Lucien à la maison et l'on partit après avoir

pris seulement le temps de faire un peu
de toilette et de donner quelques or-
dres dans les ateliers. Cette noce se
célébrait à une barrière éloignée. Le
trajet parut long et triste au bon Duhamel. L'amusement que lui et sa nièce
s'étaient promis et qu'il leur eût été si
facile de goûter au sein de la joie pure
et cordiale qui animait les autres convives, fut entièrement détruit pour eux
par l'accident arrivé à Lucien. Ils quit-
tèrent la compagnie de bonne heure et
revinrent chez eux dans le courant de
la soirée, accompagnés de tout ce qui
tenait à leur maison.

En rentrant M. Duhamel monta à la
chambre de son fils ; elle était fermée.
Il descendit sans avoir frappé, ne voulant pas troubler le repos du jeune
homme. Comme il commençait à se faire

tard, il donna ordre de fermer les magasins.

On avait à peine achevé de lui obéir, qu'on entendit une voiture s'arrêter à la porte extérieure. Quelqu'un en descendit qui heurta brusquement et à coups redoublés en appelant à haute voix M. Duhamel ; on ouvrit, un homme entra, pâle, défait, jetant autour de lui de sombres regards; c'était M. Derville.

« Eh ! Monsieur, qu'avez-vous? que vous est-il arrivé? lui demanda avec empressement M. Duhamel.

» — Monsieur... il faut que je vous parle en particulier. »

Sur un signe du maître tout le monde se retira.

« Nous voilà seuls, Monsieur; qu'avez-vous à me dire ?

» — Je viens d'être volé !

» — O ciel !

» — Ce *panier d'argenterie* que j'avais fait arranger avec tant de soin m'a été enlevé, il n'y a pas une heure, à l'entrée du bois de Romainville.

» — Et comment cela ?

» — Je n'avais pas fait vingt pas sur la route, qu'un homme, s'avançant de l'un des bords, mit la main sur la bride de mon cheval. Je levai le fouet pour lui faire lâcher prise; il prévint le coup en me présentant un pistolet. « Pas de » résistance , dit-il en déguisant sa voix » et en l'étouffant dans un manteau » dont il se couvrait la figure; donnez » tout ce que vous avez. » Je présentai ma montre, ma bourse; heureux de sauver à ce prix une valeur plus précieuse. « Pas cela , dit-il vivement en repoussant ma main. — C'est tout ce que je possède. — Ouvre ta voiture et hâte-toi. » J'abattis le tablier de mon cabriolet ; alors le brigand désignant mon panier du doigt : « Cela, cela, » dit-il avec un geste d'impatience. Je me disposais à écarter la paille pour lui faire voir que ce n'était que des fruits. « Oui, oui, dit-il, des pommes, donnez, je les aime de passion. » Le pistolet était toujours dirigé sur moi ; je vis qu'il ne fallait pas songer à me défendre ; j'abandonnai le panier. Mais comme le scélérat s'éloignait chargé de mes dépouilles, son manteau retomba sur ses épaules et laissa son visage découvert. L'obscurité m'empêcha de saisir ses traits ; mais je ne pus résister à la tentation de mettre à profit cette circonstance pour marquer au moins l'infâme. D'un revers de mon fouet je lui coupai la figure, et ramenant la main, je mis du même coup mon cheval au galop. Le brigand ne me poursuivit pas, mais la douleur lui arracha un cri qui m'annonça que j'avais frappé juste.

Dans le trajet qui me restait à franchir pour regagner mon domicile, j'eus le loisir de faire quelques réflexions ; je tournai bride, et regagnant Paris par une autre route, je me décidai à me rendre sans délai auprès de vous.

» — Et vous avez bien fait ; je connais parfaitement les objets ; nous passerons le reste de la nuit à en faire la désignation dans des billets que mes confrères et les commissaires au Mont-de-Piété recevront demain avant que votre voleur ait eu le temps de tromper aucun d'eux.

» — Ce n'est pas là tout-à-fait ma pensée; je viens de vous dire que j'avais en vain offert ma bourse et ma montre; c'est à l'argenterie achetée aujourd'hui chez vous que le misérable en voulait, uniquement à cette argenterie, et il m'a demandé le panier à coup sûr.

» — Eh bien?...

» — Eh bien, Monsieur, je n'avais mis personne dans ma confidence; ce n'est que chez vous qu'on a eu connaissance de mon malheureux stratagème...

» — Eh bien?...

» — Je le dis à regret, le voleur ne peut être que quelqu'un de chez vous.

» — Monsieur!...

» — Point d'emportement; réfléchissez, et décidez vous-même s'il est possible qu'il en soit autrement.

» — Que faut-il donc que je fasse ?

» — Ne vous troublez pas; rien de
ceci ne vous regarde personnellement.
Entre plusieurs moyens que j'ai imagi-
nés en venant, je me suis arrêté à celui-ci qui nous aidera à éclaircir le fait
sans bruit et sans esclandre.

» — Voyons donc.

» — Tout votre monde est-il chez
vous ?

» — Oui, contre la coutume à pa-
reille heure; mais il a fallu remplacer
pour demain les pièces retirées, à cause
de vous, de mon envoi du Brésil; et
l'on passe la nuit dans ma fabrique.

» — Je vous l'avais entendu dire,
c'est ce qui m'a ramené si tôt. Je vous
ai dit que j'avais imprimé sur le visage
de mon voleur une marque qui n'a pas
eu le temps de s'effacer; conduisez-moi

dans votre fabrique sous prétexte d'un nouvel examen des objets poinçonnés aujourd'hui; j'observerai discrètement tout le monde, et je vous réponds que je reconnaîtrai facilement le coupable. »

On passa en effet dans le lieu où les ouvriers étaient réunis. Une des caisses de la grande commande, soigneusement fermée le matin par Lucien, fut ouverte, comme cela venait d'être convenu, et les objets qu'elle contenait furent mis sous les yeux de M. Derville. Il les examina en parcourant l'atelier, s'arrêtant à la lumière de chaque établi, et regardant curieusement l'individu qui l'occupait. Aucune physionomie ne parut le frapper; il n'en fut pas de même des marchandises qu'il s'était seulement promis de feindre d'examiner. La première pièce n'attira que faiblement son attention portée plus activement ailleurs; mais à chacune de celles qui succédèrent, ses traits prirent graduellement une expression d'étonnement et d'inquiétude qui enfin devint manifeste à tous les yeux. « Je fais aujourd'hui d'étranges découvertes,» dit-il à M. Duhamel; et il l'entraîna hors de l'atelier.

Quand ils furent dans le magasin, il déclara que son voleur n'était point parmi les ouvriers qu'il venait de voir.

« Mais, demanda-t-il, par qui avez-vous envoyé contrôler vos marchandises du Brésil?

» — Pourquoi cette question, Monsieur?

» — Répondez.

» — J'en ai chargé un second moi-même, mon fils.

» — Votre fils ! »

Il y eut entre ces deux hommes un moment de silence ; après quoi le contrôleur reprit :

« Je me souviens, en effet, qu'un jeune homme était là tantôt pendant mon marché... Il s'opposait même à ce que je prisse les objets de mon acquisition parmi ceux que vous faisiez emballer.

» — Il craignait que cela ne causât du retard.

» — Il loge chez vous ?

» — Oui, Monsieur.

» — Je ne crois pas l'avoir vu dans votre fabrique.

» — Il n'y était pas.

» — Pourquoi ne l'avoir pas soumis

comme les autres à une juste épreuve?

» — Mon fils, Monsieur !

» — Votre fils. Il loge chez vous; il a eu connaissance de mon secret.

» — Pardon, Monsieur..., je n'avais pas cru... Vous avez raison... il ne doit y avoir d'exception en faveur de personne. Mon fils est incommodé... j'avais voulu ménager son repos. A quoi pensais-je ! Qu'est-ce que la santé, qu'est-ce que la vie au prix de l'honneur ? »

Duhamel appela une domestique. « Qu'on dise à mon fils, lui cria-t-il, de venir sur-le-champ.

» — Le voilà qui rentre, Monsieur, répondit la servante; je vais vous l'envoyer. »

Cette réponse jeta Duhamel dans un tel étonnement que la parole même

lui manqua pour l'exprimer. Il regarda
Derville dont le front sévère n'était
rien moins que tranquillisant ; et il se
tut.

Le jeune homme ne tarda pas à paraître. Ses vêtemens étaient en désordre, sa chaussure couverte de fange et
de poussière annonçait qu'il avait beaucoup marché, et non dans les rues de
Paris. Il vit Derville, se troubla et
porta involontairement la main à son
chapeau pour l'enfoncer plus profondément sur sa figure.

Ce mouvement n'échappa point à
Duhamel ; il s'avança vivement et fit
sauter d'un revers de sa main ce chapeau que Lucien voulut en vain retenir. Le visage du jeune homme parut
à découvert, et son malheureux père y
reconnut avec un désespoir impossible

à décrire la marque sanglante imprimée de la main de Derville comme de la main du bourreau.

« Attendez-moi là un instant, dit-il à celui-ci d'une voix tremblante, je suis à vous tout à l'heure. » Puis se tournant vers son fils qui paraissait écrasé sous le poids de la honte et du remords :

« Vous, ajouta-t-il, suivez-moi. »

Il prit une lumière, s'achemina vers l'escalier qui conduisait à la chambre du jeune homme, et celui-ci le suivit sans répondre.

Quelques minutes s'étaient à peine écoulées, qu'une explosion semblable à celle que produit un coup de pistolet se fit entendre, et annonça aux habitans de la maison qu'un grand malheur venait d'arriver.

On courut à la chambre de Lucien,

on le trouva étendu sur le carreau et noyé dans son sang. Son malheureux père, dont la vue faisait à la fois horreur et pitié, debout devant lui, le regardait d'un œil fixe où se peignait autant d'étonnement que d'épouvante de l'action qu'il venait de commettre. On s'empressait auprès du jeune homme, comme pour le secourir; il s'y opposa. « C'est inutile, dit-il d'une voix tremblante et à peine articulée : mort !.... mort !... Pas un cri... pas un mouvement... » Et, laissant échapper le pistolet que sa main avait jusque-là retenu par un mouvement convulsif, il leva les yeux au ciel et ajouta : « J'ai eu le bonheur de ne le pas manquer. » Il tomba dans un fauteuil, se couvrit le visage de ses mains, et on l'entendit s'écrier d'une voix étouffée par les san-

glots : « Pauvre enfant !... Malheureux
père !... »

Un panier était au milieu de la
chambre, Derville le reconnut pour le
sien. Il était ouvert, et plusieurs pièces
du service acheté le matin en avaient
été tirées. Duhamel se leva, les remit,
et, prenant le panier, il dit d'une voix
ferme : « Sortons de cette chambre. »
On obéit : il ferma la porte à double
tour, et, y plaçant un ouvrier : « Que
personne, ajouta-t-il, n'entre ici jusqu'à nouvel ordre. »

Il descendit dans sa fabrique, et,
d'un air calme et froid, il fit briser devant lui toute l'argenterie poinçonnée
le matin, même celle du panier de Derville : puis, priant celui-ci de le suivre
à sa caisse, il lui rendit l'argent de son
marché.

« Je ne crois pas, dit-il en essuyant une larme qui, malgré lui, se faisait jour dans ses yeux, je ne crois pas qu'un honnête homme eût rien de plus à faire...

» — Ah! répondit M. Derville, si j'avais pu soupçonner ce malheur, je n'aurais rien dit de ma perte. Ce jeune homme n'était qu'égaré, peut-être... peut-être y avait-il de la ressource... »

M. Duhamel lui prit la main, baissa les yeux, et ses larmes coulèrent en abondance : ce fut son unique réponse. Il manifesta le désir de se retirer dans son appartement ; on voulut l'y accompagner ; il déclara qu'il y voulait être seul. Angélique, plus morte que vive, lui saisissant une main et l'arrosant de ses larmes :

« Promettez-nous donc, s'écria-t-elle, que vous n'attenterez pas à vos jours !

» — Mes jours, répondit — il du ton le plus douloureux, sont désormais un fardeau dont ceux qui m'aiment ne devraient pas souhaiter que je reste chargé long-temps encore. Mais, mon enfant, je suis loin d'y vouloir attenter. En faisant cette justice... (Ici tout son corps frémit : il répéta, comme voulant dompter un sentiment dont il avait honte :) En faisant cette justice, j'ai de beaucoup augmenté le compte que j'avais à rendre. Les momens qui me restent pour m'y préparer ne seront jamais assez longs pour que je songe à les abréger. »

On le laissa se retirer.

M. Derville ne voulut pas quitter la maison. Tout le reste de cette funeste nuit se passa, non à discourir, mais à faire de sinistres réflexions sur les suites inévitables d'un si terrible événement.

Le matin, le pauvre Duhamel parut ; ses traits offraient les marques profondes des angoisses qu'il avait éprouvées. Il ne parla à personne et sortit. On n'osa le suivre ; mais, une heure après, une voiture de place s'arrêta à la porte, et il en descendit, accompagné du procureur du Roi, d'un greffier et de deux exempts de police. Il avait été s'accuser lui-même.

Son procès lui fut fait : il seconda l'accusation des aveux les plus clairs et les plus positifs. Le jour où les débats eurent lieu, l'anxiété de ses amis fut au comble; car le réquisitoire du ministère public insistait avec beaucoup de raison sur l'obligation de combattre,

par un grand acte de sévérité, l'exemple donné aux citoyens, de faire chez
eux de sanglantes justices, et de para-
lyser l'action des lois sous de faux pré-
textes d'honneur et de délicatesse. Le
jury eut heureusement plus d'indulgence : il répondit affirmativement sur
la question de l'homicide, mais il déclara qu'il avait été commis sans pré-
méditation, et que, dans les circonstances où le fait s'était passé, l'accusé
avait agi sans discernement. Duhamel
fut acquitté.

Il rentra chez lui ; son premier soin
fut d'appeler Théodore et Angélique.
« Je quitte mon commerce aujourd'hui
même, leur dit-il ; je vous le donne ainsi
que tout ce que je possède. Mariez-
vous. Je vous crois honnêtes gens ; soyez
heureux. Et, si vous avez des enfans,

surveillez-les sans cesse... et ne les sor-
tez pas de leur sphère... »

Les deux jeunes gens ne lui répondi-
rent que par leurs larmes : il les serra
contre son sein sans en répandre. Angélique se dégagea doucement de ses
bras, et revint un instant après, tenant
par la main une jeune femme char-
gée d'un enfant : c'était Adèle et son
fils.

« Qu'est-ce que cela ? demanda Duhamel.

» — Cet enfant se nomme Lucien.

» — Lucien !

» — Voyez comme il vous sourit.

» — Oh ! Dieu !.... son regard !....
Quelle est cette jeune personne ?

» — Cette jeune personne.... ne
porte pas votre nom... mais...

» — Mais ! Achevez.

» — Son fils est de votre sang. »

On expliqua à Duhamel avec tous les ménagemens que son affliction exigeait, les événemens de la liaison de son fils et de la jeune ouvrière.

« Il est bien généreux à vous d'agir de la sorte, dit-il à Théodore et à Angélique ; je vous reprendrai quelque chose de mes dons en faveur de cet enfant... Je vous recommande sa mère.

» — Reprenez tout ! reprenez tout ! s'écria Angélique : nous sommes tous vos enfans ; nous ne désirons que votre amitié ! »

Duhamel ne répondit pas. Ses dispositions furent faites devant un notaire, avec les changemens que la présence du petit Lucien nécessita. Il maria sa nièce avec Théodore... Trois mois après, il n'existait plus.

LES OUBLIETTES.

LES
OUBLIETTES.

—⚬⚬—

ORIGINE DU MOT :

Comme en revenant de Pontoise,

EXTRAIT

D'UN MANUSCRIT TROUVÉ DANS LA BIBLIOTHÈQUE DES CORDELIERS
DE LADITE VILLE LORS DE LA DISPERSION DES PÈRES.

—⚬⚬—

Vers l'an 1150, le Vexin, qui long-
temps avait appartenu à des souverains
particuliers, se trouva, par vacance
d'hoirie , dévolu à la couronne de
France. Louis-le-Pieux, qui aimait beaucoup la princesse Marguerite, sa fille,
lui en fit présent. Elle le porta bientôt

en dot au gentil Henri, fils du roi
d'Angleterre. Ainsi la noble Aliénore, sa mère, porta plus tard à cedit roi
d'Angleterre la Guyenne et le Poitou,
que lui rendit Louis-le-Pieux en la répudiant; car il est bon de dire que
Louis-le-Pieux, dans un moment de
colère, ayant fait périr douze à treize
cents de ses sujets par les flammes, en
avait éprouvé un si vif regret, qu'il avait
fait le voyage de la Terre-Sainte,
comme par manière d'expiation. C'est
même ce qui lui mérita le beau surnom
de Pieux.

Or, il y avait lieu de croire que, pendant son absence, la gentille Aliénore
ne s'était pas piquée de lui garder une
étroite fidélité; ce qui fut cause qu'à
son retour il la répudia; car le bon roi
était d'une délicatesse extrême sur les

choses du mariage. Mais en la répudiant
il lui rendit les peuples qu'elle lui avait
apportés en dot. Elle en fit presque immédiatement, au même titre, la propriété du roi d'Angleterre ; et cela fut
extrêmement honorable pour la couronne de France, qui jamais ne s'était
vu un si puissant feudataire. On a prétendu que, sous d'autres rapports, cela
fut très-éloigné de lui être utile. A la
bonne heure ! mais, quand il y a beaucoup d'honneur dans une chose, il est
permis de se relâcher un peu sur l'ar-
ticle de l'intérêt ; au surplus, ce n'est
pas de là que vient le dicton : *Comme
en revenant de Pontoise* ; le voici :

Dès que la gentille Marguerite fut in-
vestie de la propriété du Vexin, elle
fixa son séjour à Pontoise qui en était
la capitale. Elle choisit pour sa demeure

un beau castel assis sur le plateau de la
roche escarpée où nous voyons aujour-
d'hui l'église de Saint-Mellon [1].

Des hauteurs de ce paisible séjour,
Marguerite ne se lassait pas de contem-
pler la magnifique perspective qui, au
midi de Pontoise, se déroulait sous ses
regards comme pour les enchanter.
Elle avait à sa droite l'orageux Hautil,
couvert des restes encore redoutés
d'une forêt druidique; à sa gauche, le
riche et noble moustier de Maubuisson
qui élançait les tours de ses blanches
murailles et la flèche aiguë de son clo-
cher à une hauteur merveilleuse au-
dessus des pins et des peupliers qui
l'environnaient; son fertile vallon et

---

[1] Ceci prouve que le manuscrit en question est déjà ancien,
car cette église même n'existe plus. On ne voit à la place
qu'elle occupait qu'une ou deux petites maisons bourgeoises.

ses riantes prairies; l'opulente chapelle de Notre-Dame-de-Liesse, défendue par des tournelles et des remparts dont les restes subsistent encore : plus loin, toute l'Ile-de-France , Saint-Denis, Montmorency , les villages de leur dépendance , et la petite chaîne de buttes pittoresques qui s'élève de chaque côté de Montmartre. En revenant au premier plan de ce délicieux paysage, elle trouvait l'humble capucinière de la Haute-Aumône, les prés fleuris, les jolis bosquets d'érables et de coudriers qui la séparaient du hameau de Saint-Ouen, ou plutôt qui l'y joignaient; les gais vignobles d'Éragny, de Pise-Fontaine, d'Andrésis, et, parmi tout cela, le cours paisible de l'Isare (ainsi nommait-on l'Oise), dont les eaux pures et limpides réfléchissaient l'azur du ciel, et la douce

mélancolie des saules qui pleuraient sur
ses rives.

Cependant la princesse ne passait
pas toutes ses heures dans cette con-
templation ; elle se procurait encore
d'autres délassemens : elle pêchait, elle
chassait au courre, au vol, à l'épieu ;
elle faisait le dégât sur les terres d'un
vassal insoumis ; et c'était un de ses
plus grands plaisirs.

Or, il advint qu'un jour il lui prit
fantaisie de faire construire, dans le château de Pontoise, ce qu'on nommait
alors des *oubliettes*. Le vénérable abbé
Suger venait de relever, sans le secours
d'aucun architecte, l'antique abbaye de
Saint-Denis ; la gentille princesse, sans
lui dire au juste ce qu'elle projetait, le
pria de lui donner un de ses ouvriers
les plus intelligens. Le bon abbé se hâta

de lui envoyer Claude Raymond, artiste savant autant que modeste, et qu'il lui recommanda avec la plus grande sollicitude. La princesse le reçut avec des démonstrations et de petites faveurs privées dont il fut touché jusqu'aux larmes. Toutefois, quand elle lui eut dit de quoi il était question, il aurait bien voulu être encore à Saint-Denis; mais il était à Pontoise, il ne songea qu'à obéir. Si, dans aucun temps, il ne fut sage de résister aux puissances de la terre, ce fut surtout dans ce bon temps-là.

Le bon homme fit donc venir des ouvriers qu'on introduisit avec des précautions extraordinaires dans l'endroit où ils devaient travailler. Pas un d'eux ne sut où il était, et pas un étranger ne le soupçonna. Ils commencèrent leurs

travaux dans un ancien souterrain de
l'édifice. Il leur fut sévèrement interdit de chanter, de rire, et même de
parler un peu haut. Ils prenaient l'air
tour à tour pendant la nuit, et travail-
laient le jour au flambeau. Leur nourriture était apprêtée, dans un village appartenant à la princesse, par des serfs
qui ne savaient à qui elle était destinée,
et Claude lui-même allait l'y chercher
deux fois la semaine dans un chariot
couvert qui avait servi à amener tout
ce monde.

Voici en quoi devaient consister ces
oubliettes, dont la princesse avait fait
elle-même le plan avec le bon homme
Claude : un long conduit garni de
pointes de fer, de lames de damas, et
autres choses semblables, devait être
ouvert dans le souterrain, et, s'écar-

tant de la perpendiculaire, aller se perdre dans l'Isare qui, en ce temps-là,
baignait le pied de la roche où était
construit le château; une trape à bascule devait communiquer d'une salle
du palais dans le souterrain, et un ap-
pendice s'élever, en forme d'entonnoir,
de l'orifice du conduit au plancher de
cette salle.

L'ouvrage ne s'accomplit pas sans accident, et, comme on va le voir, cela fut
loin de nuire au bon homme Raymond.

Les ouvriers avaient à peine pénétré
de quelques toises dans le corps de la
roche, qu'un éboulement soudain eut
lieu avec fracas. Claude jugea avec
beaucoup de sens qu'il devait y avoir
près de là quelque grande excavation.
Il y dirigea ses travaux avec les précautions convenables, et découvrit

bientôt un escalier en limaçon, taillé à
vif dans le roc avec un art merveilleux.
Il se fit accompagner de quelques tra-
vailleurs armés d'outils et de flambeaux,
et descendit. Le cœur lui manqua plus
d'une fois ainsi qu'à ses compagnons,
à cause de la mauvaise qualité de l'air.
Néanmoins, ils arrivèrent sans accident
jusqu'à la dernière marche : là ils trou-
vèrent une voûte basse et d'une cons-
truction très-solide, fermée d'une forte
grille. Ils s'approchèrent ; un hideux
spectacle s'offrit à leurs regards : deux
squelettes humains, debout contre la
grille, l'un en dedans, l'autre en dehors,
semblaient, bravant les lois de la mort,
être là dans une conférence mystérieuse et funeste aux vivans. Deux des
ouvriers poussèrent un cri d'effroi, et
tombèrent demi-morts sur l'escalier.

Les autres, frappés d'une muette horreur, se pressèrent en se signant auprès
de Raymond qui, non moins épouvanté
qu'eux tous, resta long-temps immo-
bile et hors d'état de prononcer un seul
mot pour les rassurer. Dans ces temps
d'innocence et de simplicité, l'aspect
de la mort n'était pas, comme dans nos
jours d'orgueil philosophique, contem-
plé d'un œil froid et indifférent.

Ces squelettes étaient ceux de deux
hommes qui s'étaient réciproquement
assassinés à travers la grille. Un poi-
gnard resté dans les côtes de l'un d'eux,
et un autre tombé aux pieds de son adversaire, rendaient du moins cette con-
jecture très-vraisemblable. Leurs bras
étaient passés à travers les barreaux,
et leurs mains serraient encore des lam-
beaux de leurs vêtemens. Leurs orbites

vides étaient dans une opposition si di-
recte que, bien qu'ils n'eussent plus
d'yeux, ils semblaient se regarder encore. Enfin, il n'y avait pas jusqu'à leurs
larges mâchoires qui, de part et d'autre, garnies de trente-deux dents blanches et bien rangées, ne leur prêtassent
un air sardonique, fort analogue au
sentiment dans lequel on pouvait supposer qu'ils étaient morts.

L'ingénieux Claude Raymond fit len-
tement, et l'une après l'autre, ces re-
marques et ces réflexions qui, peu à
peu, le tirèrent de la stupeur dont il
avait été frappé. Il se hâta d'en faire
part à ses compagnons auxquels enfin le
courage revint aussi.

On s'approcha, on vit que la grille
qui était d'airain, se fermait au moyen
d'une serrure du même métal. Une clef

qu'on trouva à terre aida à l'ouvrir.
Tandis qu'on essayait de faire marcher
les pênes devenus un peu immobiles
par l'effet du temps et de l'humidité,
un des ouvriers qui avaient été frappés
d'une si profonde terreur, examina le
squelette du côté où ils étaient; il lui
trouva autour du cou une chaîne d'un
métal précieux, ornée de plusieurs
pierres brillantes, et au bout de laquelle
pendait une image de la sainte Vierge.
Il la prit, en promettant d'en faire
part à ses camarades; mais le prudent
Raymond s'y opposa : il exigea même
que la chaîne lui fût remise à l'instant,
sous la condition d'un prix raisonnable
qu'il s'engagea à payer après l'entier
achèvement des travaux, ce à quoi il
ne manqua pas.

La grille s'ouvrit enfin, et en roulant

sur ses gonds, elle fit entendre un petit sifflement aigu qui retentit de l'autre côté. Il y eut encore un moment d'effroi et d'hésitation chez le bon homme Claude et ses gens; mais il ne fut pas de longue durée : on entra. Les deux squelettes étaient tombés à terre au moment de l'ouverture de la grille. Comme les ouvriers marquaient encore un reste de crainte religieuse, en marchant avec précaution et respect par-dessus le premier, celui d'entre eux qui s'était saisi de la chaîne, voulant paraître plus brave que les autres, posa d'un air moqueur son pied sur ce squelette dont les ossemens cédèrent avec un affreux craquement : et l'action de cet homme ne doit pas étonner. « Couardise est germaine de forfanterie, laquelle ne se complaît à rien tant qu'à profanation.»

Réflexion que le sage Raymond ne put s'empêcher de faire tout haut, en voyant l'impiété de ce misérable.

On examina l'autre corps; il ne portait pas de collier; mais on lui trouva au petit doigt de la main gauche un anneau d'or constellé, portant sur une facette aplatie quelques figures cabalistiques. Personne n'y toucha. Une clef d'airain, semblable à la première, était aussi à terre auprès de lui : ce qui fit supposer à Claude Raymond qu'il y avait au souterrain une autre ouverture par laquelle cet homme était venu. On se mit à la recherche de cette issue, et, après une marche lente et difficile sous une voûte longue et étroite, où l'on pensa vingt fois être privé de lumière et suffoqué par l'air épais et méphitique, on aperçut dans le lointain, à la

lueur d'une clarté fort vive, comme
des ombres et des fantômes qui mar-
chaient en observant une sorte de mesure et de cadence. Raymond fit aussitôt éteindre les flambeaux, et, se mettant à la tête de ses gens, il continua
d'avancer pas à pas, en suivant soigneusement de la main une des humi-
des parois de la voûte.

A mesure qu'ils avançaient, les objets
devenaient plus distincts ; ils finirent
même par entendre comme les accens
d'une voix suppliante et inarticulée, au
milieu d'une psalmodie sourde et lu-
gubre. Les gens de Claude tremblaient
de tous leurs membres, et particulièrement celui qui avait foulé le squelette.

On parvint bientôt à une grille semblable à celle qu'on avait rencontrée à
l'extrémité du souterrain. La scène dont

on voulait connaître le mystère se passait au-delà : c'était une cérémonie
funèbre. Le cortége sortait quand
Claude et ses gens arrivèrent. Il était
composé d'une douzaine de nonnes, à la
tête desquelles marchait un moine.

Une faible lampe resta dans le caveau (car c'en était un), et il fut facile
à Raymond de reconnaître une fosse
nouvelle, et qui n'avait pas été entièrement comblée. Une pierre de liais
taillée récemment, et qui paraissait destinée à recouvrir cette fosse, portait
l'inscription suivante :

ISTO SUB LAPIDE

INDIGNA

DOM. SPONS.

JACET

N.

VIVA SEPULTA.

« Enterrée vivante ! Dieu tout-puis-
sant ! » s'écria Raymond. Puis, se tournant vers ses ouvriers : « Allons, enfans, à la besogne ! et fasse le ciel qu'il
ne soit pas trop tard ! »

Nous avons dit que les ouvriers étaient
munis de leurs outils ; en un instant le
cercueil fut mis à découvert. On y trouva
en effet une créature humaine ; elle
était déjà privée de sentiment, mais son
cœur battait encore ; et grâce aux soins
du bon Claude qui était aussi un peu
médecin (car aucune des connaissances
cultivées en ce temps ne lui était étrangère), elle revint bientôt à la vie.

C'était une jeune fille de seize à dix-
huit ans, belle malgré son extrême pâ-
leur et un certain désordre qui trou-
blait l'harmonie de ses traits. Les ouvriers ne virent dans ce désordre que

l'effet naturel des violences qui venaient
d'être faites à l'infortunée; le philosophe sut y démêler une autre cause.

En effet, l'imprudente avait commis
une faute, la plus grande dont une personne de son état pût se rendre coupable... Elle était sur le point de devenir
mère !

En s'occupant de la rappeler à la vie,
l'ami de Suger n'oublia pas une autre
précaution importante dans cette con-
joncture : celle de faire replacer le cercueil au fond de la fosse , et de rétablir
les choses à l'extérieur dans l'état exact
où on les avait trouvées. Après ce travail et quand la jeune fille eut rouvert
les yeux, il lui demanda où il était, à quel
établissement religieux appartenait ce
caveau. Quel fut son étonnement quand
il apprit qu'il était à l'abbaye de Mau-

buisson, et qu'ainsi lui et ses gens avaient traversé l'Oise en suivant la voûte !

Cela était pourtant bien vrai; et une tradition soigneusement conservée dans le pays le témoigne encore aujourd'hui [1].

Cette voûte n'est plus praticable; avec les siècles, la rivière s'y est ouvert une fissure; mais un redoutable tourbillon indique visiblement, à sa surface, l'endroit où elle y pénètre. Les philosophes, les gens d'esprit de Pontoise traitent cette tradition de fable; mais outre que les philosophes et les gens d'esprit ne forment pas à Pontoise la masse la plus imposante de la population; outre que lesdits philosophes et gens d'esprit n'y ont certainement pas été voir; en fait

[1] Et même encore en 1829.

de tradition, c'est de tout temps au peuple qu'il s'en faut rapporter.

Il pouvait être minuit ; le moment était favorable pour reconnaître les lieux. Claude essaya d'ouvrir la porte par laquelle les nonnes étaient sorties ; il la trouva trop solidement fermée ; il en aurait bien fait sauter les ferremens ; mais il craignit de compromettre la sûreté de celle qu'il venait de sauver d'un si grand péril. Il n'avait encore pris aucune résolution, quand, de l'intérieur, on mit brusquement une clef dans la serrure. L'ami de Suger recula aussitôt ; et favorisé par l'obscurité que ne dissipait pas entièrement la faible lueur de la lampe, secondé aussi par la maladresse de la main qui tâtonna long-temps les ressorts de la vieille serrure avant de parvenir à l'ouvrir, il put rentrer sous la voûte avec tout son monde, et même s'y renfermer sans avoir été aperçu.

Un homme parut : c'était le moine qu'on avait remarqué à la tête du cortége funéraire. Dès que la jeune fille l'entrevit, elle fut saisie d'une horreur profonde, et se réfugia en tremblant dans les bras de Claude Raymond. Cependant le moine s'avança après avoir soigneusement fermé la porte du caveau. « Maudites béguines ! murmura-t-il, j'ai cru qu'elles ne finiraient pas ! » Puis s'emparant d'une pelle, il ajouta : « Pourvu qu'il soit encore temps ! » Il se mit alors avec beaucoup d'action et d'empressement à déblayer de nouveau la fosse. La pauvre nonne était à moitié morte sur le sein de son libérateur.

Rien ne saurait peindre la surprise du moine et la terreur superstitieuse dont il devint la proie, en voyant que la religieuse avait disparu. Il ne douta pas que le diable ne l'eût emportée. Ses cheveux se dresèrent d'horreur, puis il se roula par terre en poussant des cris et des hurlemens étouffés et se recommandant tour à tour à saint Mathurin et au bienheureux Jean de Mattha, les patrons de son ordre. (C'était le prieur des Mathurins de Pontoise).

Il avait probablement vu la grille derrière laquelle étaient Claude, ses gens et la nonne (au moins avant sa dernière entrée dans le caveau); l'idée ne parut pas même lui venir que la jeune victime pût avoir été secourue par là. Il est vrai qu'une telle supposition avait peu de vraisemblance, et qu'un événement surnaturel en offrait bien davantage à un esprit peu éclairé,

dans ces temps d'innocence et d'humble soumission à de salutaires préjugés.
Bref, il n'attribua rien qu'au pouvoir
de Satan ; et, dans l'appréhension que
lui causait à lui-même la griffe du
monstre, il récita les formules les plus
efficaces qu'il put se rappeler contre un
si grand péril, il s'accusa même à haute
voix de ses péchés. Nous n'en rapporte-
rons point la liste parce qu'il ne faut
scandaliser personne.

Nous dirons seulement, à propos de
la jeune nonne, qu'il ne paraissait point
se reprocher la rigueur du châtiment
qu'il avait contribué à lui faire infliger ;
mais seulement des pensées criminelles
qui lui étaient venues ultérieurement,
et qui étaient cause qu'en définitive il se
trouvait là. Il se retira plus mort que
vif, et faisant encore à haute voix des

actes de contrition, qui faillirent plus d'une fois être funestes à nos gens en excitant l'indiscrète hilarité de l'ouvrier qui avait outragé l'un des squelettes.

Claude fit rallumer les flambeaux, et l'on s'en retourna par où l'on était venu. La jeune fille, dans la juste confiance que lui inspirait son libérateur, ne songea pas d'abord à lui demander ce qu'il comptait faire d'elle. Ce fut bientôt un embarras dont il fallut s'occuper sérieusement. Claude sortait ce jour-là pour aller prendre la nourriture de son monde; il pouvait facilement emmener la pauvre enfant au village, et l'y établir chez quelques bonnes gens pour le temps de sa délivrance; mais l'habit de son ordre, le seul dont elle fût revêtue, offrait le double inconvénient et d'attirer beaucoup trop l'attention, et de causer beaucoup de scandale. Il s'arrêta à un projet assez sage, comme tous ceux qui se formaient dans sa tête calme et réfléchie : ce fut de monter seul l'escalier du château avec la jeune nonne, et de l'y laisser à moitié chemin, d'occuper en bas les ouvriers à creuser deux fosses pour les squelettes; tandis que de son côté, mettant le temps à profit, il irait en ville acheter les habits convenables à l'état et à la condition qu'il se proposait de prêter à sa protégée.

Les choses s'exécutèrent comme il l'avait décidé, et il mit tant de diligence dans les soins qu'il prit pour sa part, que les ouvriers étaient encore loin d'avoir fini quand il revint avec les hardes. Pendant que la jeune fille s'en affublait à la hâte, il descendit, fit prendre le change à ses ouvriers sur ses intentions, et, avant qu'ils fussent libres de le suivre, remonta promptement l'escalier, et emmena la nonne au chariot sans qu'aucun des gens du château l'aperçût. Il la plaça, comme il en avait formé le dessein, chez de bons métayers, auxquels il la donna comme une personne de sa famille, dont le mari était en voyage.

Le succès ayant si pleinement répondu à ses espérances, il revint au souterrain commun où il trouva tout le monde déjà instruit de l'histoire de *la déterrée* et des deux squelettes. Ce dernier objet fixait particulièrement l'attention et la curiosité des ouvriers, comme plus incertain, plus perdu dans le temps, et plus susceptible, par conséquent, du merveilleux et des em-

bellissemens de l'imagination. Il ne
se pressa de répondre à aucune des
questions qu'on lui fit, mais il prêta volontiers l'oreille aux nombreuses conjectures qu'on avait déjà formées. Il en
distingua une entre autres qui ne lui parut pas tout-à-fait indigne d'attention. Un vieux terrassier de Volher-
meil avait entendu raconter à son seigneur, lequel s'en faisait un titre de
gloire, qu'un des ancêtres dudit seigneur avait eu une liaison adultère
avec la dernière comtesse de Vexin;
que cette dame lui avait même fait présent d'un anneau magique, où leurs
deux chiffres étaient gravés; mais que
frappée de maléfice par un fameux as-
trologue, elle avait perdu dans une
même nuit son noble époux et son gentil amant, lesquels avaient disparu sans

que personne pût dire ce qu'ils étaient
devenus.

Quand après leur repas les ouvriers
se furent remis à l'ouvrage, Raymond,
qui avait hâte de faire part de la découverte du souterrain à la gentille
princesse Marguerite, retourna à l'escalier pour voir à quel endroit du château aboutissait son extrémité supé-
rieure. Il la trouva fermée d'une trappe
à bascule dans le genre de celle qu'on
voulait mettre aux oubliettes. Un fort
pêne à ressort dont le jeu était encore
facile, bien qu'on pût reconnaître qu'il
n'avait pas marché depuis long-temps,
tenait cette bascule assujettie. L'ami de
Suger tira ce pêne avec une extrême
précaution, et fit de même tomber la
bascule dans la crainte qu'elle n'eût
son ouverture dans quelque lieu où fus-

sent alors des indiscrets à qui le mystère n'en dût pas être révélé. Toute
cette opération s'accomplit dans le plus
grand silence. Claude voulut alors sortir de l'escalier ; mais il se trouva dans
une obscurité profonde, et sentit sa
tête arrêtée comme par quelque meuble pesant, ou quelque faux plancher
construit de second-œuvre, au-dessus
de celui où se trouvait la bascule. Cette
circonstance lui parut fâcheuse, car
elle devait l'obliger à faire ses recher-
ches à l'extérieur, et dès-lors exposer
davantage son secret.

Il cédait néanmoins à la nécessité et
se disposait à redescendre, quand il se
fit quelque mouvement au-dessus de sa
tête ; il prêta l'oreille, et entendit deux
voix dont l'une lui parut être celle de
la princesse ; il ne put distinguer l'au-

tre. Il faut instruire ici le lecteur que c'était sous l'estrade du lit de Marguerite que la bascule ouvrait.

Comme la gentille Marguerite et son interlocuteur n'avaient aucun soupçon qu'on pût les entendre, ils parlaient sans contrainte, non d'un ton élevé, mais d'une voix nette dont pas une articulation n'était perdue pour l'ami de Suger. Voici ce qu'il saisit de la conversation que nous croyons devoir rapporter textuellement.

« Grand'joie est remise en mon cœur, oui dea, d'être si doctement instruite à n'avoir scrupule de mon entreprinse, disait Marguerite.

» — Il duit, gentille princesse, à gens de rang et qualité comme vous, d'obéir à règles diverses de nous autres qui sommes de droict vos obéissans.

Si votre personnelle sécurité ou celle
de vos grands desseins commandent
qu'usiez parfois d'une nécessaire violence, pas n'est raison que négligiez si
juste recours, et lesdites obliviettes sont
engins licites ès-mains de votre autorité, pourvu qu'en usiez avec grand
discours, conseil et modération.

» — Ainsi pensé-je de faire ; toutefois le grand secret est en ceci d'une
merveilleuse utilité ; et ne m'est pas léger déplaisir et ennuy de sentir icelui
secret à la merci et discrétion du bon
homme Claude. »

On conçoit que ledit bon homme
dut ici redoubler d'attention.

« Si faut-il bien qu'il soit des fortu-
nes de quelqu'un d'y participer, et
nommément d'icelui à qui charge a été
baillée du parachèvement de l'œuvre.

» — C'est grand'misère que telles œuvres ne puissent être besongnées sans assistance d'étranger secours.

» — Grand'misère certes ! et mieux en devez que moi connoître l'entier inconvénient.

» — L'inconvénient gist tout entier en ceci, que telle voye de justice, tant prompte et tant destituée de recours, devient sujet de grand'médisance ou davantage de sédition, si par male aventure n'est entièrement tenue secrète et ignorée.

» — Ceci est grandement vrai ; mais quoy faire ?

» — Voirement oui : quoy faire ?

» — Ledict bon homme Claude est personne de si grande prudence et savoir, puis tant cher au puissant et sage monseigneur Suger !

» — Le puissant et sage monseigneur,
lequel n'est pas tant puissant qu'oncques en aye rien à appréhender, ne
tant sage que ne me sente suffisante assez pour hautement surmonter sa sagesse, ledict abbé a trop de grands'
affaires pour garder souvenance d'un
pauvre homme méchanic, qu'à peine
connoît-il; et rien n'est là pour m'arrêter; c'est, en tout, le reproche de causer
ennuy audict bon homme, lequel au
fond a moult de zèle et d'affection pour
mon service.

» — Telle considération n'est convéniente à grande princesse, comme vous.
Il n'est que devoir étroit et rigoureux au
zèle des gens de telle basse extraction,
et de rien n'êtes redevable à cettuy ci.

» — Si voudrois-je bien me persuader cela.

» — Bien le pouvez au vrai à considérer tant seulement les charges de votre rang et condition en ce monde.

» — Si pensez que je puisse ce croire?...

» — Bien le pouvez sans contredict.

» — Pareillement donc puis-je saisir la personne de Claude, et retenir icelui mon prisonnier après sa besongne parachevée?

» — Rien ne pouvez plus à droict et raison. Ains ai-je encore à aviser vous d'un plus expédient et industrieux conseil.

» — Ores quel?

» — Cil de faire faire au bon homme lui-même l'essai desdictes obliviettes. »

La gentille Marguerite ne répondit rien; il se fit un moment de silence, et l'entretien reprit ainsi:

« Fort douce et fort tolérable mort,
est mort par obliviettes.

» — Hai.... hai.... mort.... voire par
obliviettes... c'est mort.

» — Single et péculière difficulté en
ceci sera pourvoir à ce qu'icelui bon
homme n'échappe.

» — Pour cela sages et prudentes
mesures sont jà prinses. La difficulté
seroit à mon sens faire tel oisellier
cheoir en sien propre et privé piége.

» — Si est-il moyen d'en sortir.

» — Du dict piége ?

» — De ladicte difficulté.

» — Ores de fortune sauriez-vous
telle et semblable chose?

» — Telle et semblable et qui oncques
ne manqua.

» — Donc ferez icelle connoître à
nous.

» — Très-diligentement, quand sera venu temps de ce faire. »

Un assez grand mouvement eut lieu alors dans l'appartement ; Raymond entendit marcher, puis un calme profond succéda à ce bruit passager ; ce qui lui fit conjecturer que la princesse et son digne interlocuteur étaient sortis.

Le bon homme demeura long-temps étourdi de ce qu'il venait d'entendre ; et, à vrai dire, sa situation n'était pas médiocrement embarrassante. De s'en aller en vaquant à ses affaires de l'extérieur, il n'y avait guère d'apparence qu'il le pût : au dire même de la princesse *sages et prudentes mesures étaient jà prinses* à cet égard, et cela lui rappela en effet qu'il avait cru remarquer plusieurs fois qu'on le suivait. De pro-

fiter du passage tout récemment découvert, que deviendraient ses ouvriers? S'il les faisait sortir avec lui,
quel esclandre!...... Comment se jouer
ainsi à une grande princesse? Quel appui oserait-il demander après cela à
son illustre protecteur, le docte abbé
de Saint-Denis; et sans cet appui comment espérer se sauver? D'un autre côté,
la jeune nonne à qui il s'attachait déjà
par les services qu'il lui avait rendus,
dans quel abandon, dans quel abîme
de misères ne tomberait-elle pas, privée de ses soins et de ses conseils? Car
aux mesures qu'annonçait la princesse,
il n'y avait aucun lieu de douter qu'elle
pût tarder à être instruite de celles
qu'avait prises le bon homme à ce sujet; heureusement il avait fait passer la
jeune fille pour une de ses parentes, et

rien ne pouvait démentir cette assertion ; mais ce titre même de parente ne
pouvait qu'attirer à la malheureuse
de terribles persécutions en cas qu'il
osât se rendre coupable de défection ou
même de désertion pure et simple. On
conviendra bien qu'il y avait en tout
cela plus d'une raison à rendre un esprit perplexe.

Le pauvre Claude se retira, baissa la
bascule, et revint trouver les ouvriers,
parmi lesquels il demeura tout le reste
de ce jour, absorbé dans les plus péni-
bles pensées. La résolution de la princesse lui paraissait horrible, mais moins
cependant que la froide scélératesse de
son conseiller entre les mains de qui il
avait été un moment de changer ses
dispositions malveillantes, car elle
avait hésité. « Hélas ! se disait-il, tels

sont partout flatteurs et courtisans. »

La nuit toutefois lui apporta conseil de
ne se point tant laisser abattre. On n'en
était pas au moment d'exécuter les mauvais desseins qu'on formait contre lui;
le temps, comme il le sentait, et comme
l'a dit depuis un bien plus grand philosophe, le temps est gros de l'avenir;
et il pouvait tout-à-coup enfanter tel
événement qui le délivrât de ses enne-
mis, ou du moins des motifs qu'il avait
de les craindre. Il s'en remit à ce grand
médecin des maladies de l'ame aussi
bien que de celles du corps; il dissi-
mula, se tranquillisa et attendit.

La première fois qu'il revit la princesse, il vérifia complètement le soupçon qu'il s'était formé d'elle au sujet de
la jeune religieuse. « Bon Claude, lui
dit-elle, vous avez donc établi une de

vos parentes au village d'Osny ? — Très-puissante dame, répondit-il, c'est ma nièce.

» — Elle est enceinte, dit-on.

» — Elle n'attend que le moment de sa délivrance.

» — Son mari est absent ?

» — Il a suivi la haute et puissante dame votre gentille mère dans ses provinces de Poitou et de Guyenne, et voilà tantôt trois mois que nous n'avons eu de ses nouvelles.

» — Je veux prendre soin de la jeune épouse, l'attacher à ma personne, faire du bien à son enfant.

» — C'est cent fois trop de bonté, de la part d'une aussi noble et aussi grande dame.

» — Non, bon Claude, c'est justice; et je tiens à bonne fortune de trouver une occasion de vous faire du bien dans la personne de quelqu'un des vôtres. »

Raymond s'inclina profondément sans répondre, et il songea en lui-même : « Elle compte sans doute se racheter par-là du sort qu'elle me destine. Ainsi son père crut-il se racheter de l'incendie de Vitry en allant faire quelques aumônes aux hospitaliers de Palestine. »

Son espoir fut encore que cette idée sortirait de la tête de la princesse, ou que le temps mettrait quelque obstacle à son accomplissement.

Il fallut cependant continuer l'ouvrage des oubliettes, et Marguerite parut subitement un jour, sous un habit de page, au milieu des ouvriers. Elle n'était pas en état d'apprécier les travaux ; mais sans doute elle avait cru ce

moyen utile à hâter la besogne. En se
retirant elle recommanda très-expres-
sément à l'ami de Suger de disposer les
choses de manière à ce que la mort fût
la plus prompte et la moins doulou-
reuse possible dans cette machine destinée à la donner. Elle déplora la fà-
cheuse nécessité où étaient parfois les
gens de sa sorte d'user de rigueurs salutaires ; et Claude reconnut toutes les
maximes qu'il avait entendues dans la
bouche du conseiller, plus l'étalage de
quelques sentimens d'humanité que la
gentille Marguerite jugea à propos d'y
entremêler.

Il vit clairement qu'il n'y avait plus
de temps à perdre ; il se hâta de faire
achever l'ouvrage. Les ouvriers furent
peu à peu congédiés et avec les mêmes
précautions qu'on avait employées en

les arrêtant : aucun d'eux n'osa parler
de ce qu'il savait, à cause des grandes
menaces dont on les effraya, et bientôt
le pauvre Claude se vit seul avec son
industrie contre l'astuce et la violence
auxquelles il se sentait en butte. L'u-
nique précaution qu'il lui parut utile
de prendre en une si fâcheuse conjonc-
ture, fut d'arrêter avec soin un cadre
matelassé dans le conduit fatal, vers la
hauteur de l'escalier du souterrain dont
il avait eu soin que l'entrée demeurât
libre; pour le reste, il s'en remit à la
Providence, en qui on a déjà pu voir
qu'il se confiait volontiers.

La princesse était sans défiance.
Claude avait lui-même ajusté la bascule
sous ses yeux, le jeu en était sûr et facile; quelques animaux jetés dans la
fatale machine (avant que le cadre y

fût placé) avaient été revus flottans sur
l'Oise, dans un état à ne pas laisser
le moindre doute sur l'efficacité de l'é-
preuve qu'ils venaient de subir. Les
choses, en un mot, étaient on ne peut
pas plus satisfaisantes en apparence.
L'invention du cadre ne fut donc point
soupçonnée.

Cependant la surveillance redoublait
auprès de Raymond; pour sonder le
terrain, il parla d'aller faire une visite à sa nièce; on l'envoya chercher
avec son enfant, car tandis que son
prétendu oncle s'évertuait jour et nuit
à terminer les mystérieux travaux du
château de Pontoise, la jeune nonne
avait mis au monde un bel enfant qui
se rendit fameux dans la suite sous le
nom du chevalier de Lorgemont. Pour
satisfaire la curiosité du lecteur qui s'im-

patiente peut-être de ne pas savoir encore ce qu'était la nonne elle-même,
nous dirons qu'elle venait de fort bon
lieu; que son père ayant trempé dans la
rébellion du comte de Champagne, avait
eu l'honneur de périr de la main même
du roi à Vitry-le-Brûlé; que sa mère
étant morte de chagrin à la suite de
cet événement, un frère de ladite dame
s'était emparé des biens du défunt, et
avait dévotement cloîtré sa nièce. La
pauvre petite aimait un sien cousin,
lequel possédait une châtellenie dans les
environs de Pontoise. Ce cousin eut l'a-
dresse de pénétrer jusqu'à elle; et tous
les malheurs qu'on lui a vu éprouver
s'ensuivirent.

Encore qu'un peu laborieusement,
si est-il que nous arrivons à bon compte
au bout de notre besogne. On com-

mence sans doute à soupçonner que le dicton : *En revenant de Pontoise*, tient aux oubliettes de la gentille Marguerite; or les voilà achevées ces oubliettes, il n'y a plus que patience à avoir.

La prétendue nièce de Claude Raymond ne tarda pas à paraître. Sa leçon lui avait été faite dès son installation dans le village d'Osny; il ne lui fut pas difficile de se conduire avec vraisemblance; cela fut heureux, car on ne lui laissa pas le loisir d'un quart-d'heure d'entretien avec le bon homme.

Il y avait le lendemain grande fête au château de Pontoise; plusieurs seigneurs des plus considérables du Vexin français, tels que messire Jean de Villiers, Arthur de Marcouville, le vicomte de Vallangoujart, Mathieu de Beaumont, le gentil chevalier des

Tournelles et une foule d'autres, furent
invités. Comme l'ami de Suger n'était
pas d'étoffe à figurer en si grande compagnie, on l'avertit que tout ce jour
serait à lui, et en attendant on l'invita
à venir souper avec la princesse. Il s'y
rendit.

On servit dans une salle voisine de
celle des oubliettes. Les convives étaient
en petit nombre : la princesse, son chapelain, le bon homme Claude et la jeune
nonne. Le repas ne fut pas gai, quoique le chapelain versât souvent à boire
au bon homme, en le provoquant à la
joie, et celui-ci, après avoir vainement
combattu le sommeil qui le gagnait,
finit par y céder en dépit du respect
qu'il voulait observer en présence de
la princesse.

Ce qui se passa quand il fut endormi,

il n'en a jamais été parfaitement instruit, mais quand il s'éveilla il était....
sur le cadre.

L'événement n'était pas de nature à
lui causer une grande surprise. Il se
leva donc, un peu étourdi, un peu con-
tusionné, et se hâta de gagner l'escalier
où il avait déposé d'avance tout ce
qui était nécessaire à son évasion. Il fit
ce mouvement bien à point ; à peine
avait-il mis le pied à l'ouverture de l'escalier, que la bascule joua et qu'un
homme pesant comme un bœuf tomba
sur le cadre qu'il faillit enfoncer : c'é-
tait Jean de Villiers. Il était ivre comme
un sonneur et ne put rien comprendre
à ce qui lui arrivait. Il se mit à crier de
toute sa force et à proférer les plus
horribles imprécations. Raymond, crai-
gnant qu'un si grand bruit ne trahît

prématurément le secret du cadre, engagea le gentil seigneur à se taire. Ce fut une autre scène, Jean se figura que c'était le diable qui lui adressait la parole, et en se signant, en récitant des oraisons qu'il entremêlait des plus étranges blasphêmes, il se mit à conjurer le malin de le laisser en repos.

Cependant Claude, muni d'un fusil de bon acier, sollicitait un caillou à coups redoublés; il n'avait pas encore pu se procurer de lumière, qu'un nouvel hôte lui arriva en tombant droit sur la tête de Jean de Villiers : c'était Mathieu de Beaumont dans un état à peu près aussi raisonnable que son noble ami. Ces deux seigneurs, sans plus savoir l'un que l'autre de quoi il était question, commencèrent à se gourmer dans les ténèbres. Le bon homme

se donna bien de garde de porter entre eux le holà, sachant surtout l'é-
trange prévention de messire Jean à
son égard. Tandis qu'ils se battaient
comme taureaux, suivant l'expression
du manuscrit, il alla tout paisiblement
son train à battre sa pierre, ce qui de
sa part fut bien sagement fait, car au
plus fort de la contention de ces messieurs, voilà que le vicomte de Vallangoujart arrive tout-à-coup au milieu
d'eux ainsi qu'ils étaient arrivés eux-
mêmes, et non, comme dit encore le
manuscrit, sans les scandaliser grandement l'un et l'autre du poids de sa
massive personne. « Il en pleut, de
par la mort Dieu ! » s'écria sire Jean de
Villiers, et comme à ce moment Raymond venait enfin d'allumer un flambeau; que d'ailleurs le gentil messire

de Villiers commençait à se dégriser,
il se jeta incontinent dans l'escalier où
il fut tout d'un temps suivi par les autres.

Etonnés de se trouver là et d'y être
arrivés de la sorte, ils prièrent Raymond de leur expliquer ce que tout
cela signifiait. « Commencez par me
suivre, leur dit-il, mes gentils seigneurs, je vous conterai tout par le
chemin. » Il se borna cependant à leur
apprendre que l'endroit où ils étaient
tombés était une oubliette, et qu'aussi
bien que lui-même ils n'en avaient été
sauvés que par miracle.

Cet éclaircissement parut faire une
profonde impression sur eux. Ils don-
nèrent quelques momens aux transports
d'une indignation légitime (du moins
en apparence), puis ils se mirent à ré-

fléchir sur un si formidable coup d'État.
Claude n'eut garde de les interrom-
pre; ce qu'il put démêler à travers leurs
discours, toujours un peu avinés, c'est
qu'ils refusaient foi et hommage à Marguerite; messire Jean de Villiers et
Mathieu de Beaumont parce qu'ils ne
se prétendaient liés de ce devoir féo-
dal qu'envers Raoul de Pontoise, dit
le Délicat, ou à son défaut (car il
avait disparu depuis près de vingt
ans, sans qu'on sût ce qu'il était devenu), ou à son défaut, qu'envers
Agnès de Pontoise, sa fille, actuelle-
ment veuve de messire Bouchard de
Montmorency. Pour le vicomte de
Vallangoujart qui se trouvait comme
eux en état de rébellion, son dire
était qu'il ne relevait que de Gilles-le-
Barbu, comte de Gisors.

Or, lesdits Jean le Villiers, Mathieu de Beaumont et vicomte de Vallangoujart (les deux premiers surtout), étaient seigneurs dominans d'un nombre infini de fiefs et d'arrière-fiefs; leur conduite offrait un dangereux exemple à leurs vassaux, et Marguerite avait pris conseil d'en finir avec eux par les oubliettes; moyen incomparablement plus expéditif que la négociation ou le recours à justice.

Raymond profita de la circonstance pour s'éclairer, s'il était possible, sur les deux squelettes. Il montra à Jean de Villiers la chaîne qui avait été trouvée au cou de l'un d'eux. « Par la mort Dieu! s'écria le chevalier, icelle chaîne fut au pauvre Raoul-le-Délicat. » Et comme on lui dit d'où elle provenait, cela lui fournit l'occasion de raconter

les galanteries de la belle Yolande,
femme dudit Raoul. L'histoire n'en fut
pas courte; toutefois le bon chevalier
la rompant brusquement: « Au demeu-
rant, dit-il, la gentille dame s'est re-
pentie; elle est de présent abbesse de la
sainte abbaye de Maubuisson; Dieu lui
fasse paix, et à nous également, par la
mort Dieu! »

Le bon homme Claude serra sa chaîne
et ne répondit rien; mais, comme il
était naturellement songe-creux, il
pensa en lui-même : « Voirement [1],
icelle bonne dame abbesse a ma gente
pupille jugée et damnée avec rude sévérité, pour faute unique. Telle façon est à nul doubte en conseil de soi
racheter; ains telle façon est péculière,

---

[1] Propres termes du manuscrit.

et usent d'aucuns, fort plaisans remè-
des à expier privés déportemens. »

On arriva à l'issue du souterrain, et
de là dans le caveau; la porte en fut
forcée, et, après avoir monté un escalier semblable à celui par lequel on avait
gagné la voûte, on se trouva dans les
jardins de l'abbaye. Il était nuit pleine,
on en sortit aisément.

Nos gens qui, hors Raymond, n'a-
vaient aucune idée du chemin qu'ils
venaient de faire, ne purent se reconnaître. L'ami de Suger ne s'empressa
point de les mettre au fait : il se con-
tenta de les guider à la hauteur de Fré-
pillon, fief relevant de Villiers. Ils en
prirent la route, et lui, en toute diligence, se mit à suivre celle de Saint-
Denis.

Son intention était de tout dire sans

détour au sage Suger ; de lui demander
une lettre pour le saint pontife Eu-
gène III, et de partir sans délai pour
Rome, où il espérait faire relever sa
nièce adoptive des vœux mal gardés
que la pauvre enfant avait été contrainte de prononcer. Il arriva trop
matin ; le saint abbé était encore au
lit quand il se présenta. Le bon homme
se retira dans une hôtellerie où il s'endormit profondément, en attendant que
son protecteur fût en volonté de l'entendre. Le jour était déjà haut quand
il s'éveilla : il se rendit en hâte à l'abbaye, et fut immédiatement introduit
auprès de l'illustre Suger ; car celui-ci,
le sachant à Saint-Denis, avait expres-
sément ordonné qu'on ne le fît point
attendre quand il se présenterait.

Or, qu'on se figure, s'il est possi-

ble l'extrême surprise du bon homme
quand il entra dans la salle où était le
saint abbé : la première personne sur
qui ses yeux s'arrêtèrent, fut Marguerite, la gentille suzeraine du Vexin elle-
même ! Elle avait toute sa cour à sa
suite, et allait à Paris rejoindre le roi
son père. Probablement, son goût pour
le paysage de Pontoise commençait à
s'affaiblir un peu.

Mais qu'on ait assez ou trop peu d'i-
magination pour se peindre bien au
juste l'étonnement du bon Claude, toujours est-il qu'on n'aura pas de peine à
comprendre que celui de la princesse le
surpassa incomparablement.

Elle poussa un cri en le voyant paraître : « Eh quoi ! eh quoi ! lui dit-elle,
c'est vous ? — Moi-même, Madame,
répondit-il avec assez d'émotion aussi.

— Eh ! mais, ajouta-t-elle, d'où venez-
vous donc ? — Vraiment, dit l'abbé, de
Pontoise, probablement. — Oui, de
Pontoise, oui, Madame, je reviens de
Pontoise ! » répliqua-t-il après un petit temps, et d'un ton significatif dont
il est présumable qu'elle seule eut l'intelligence. Cependant tout le monde se
tut, et les courtisans, s'entre-regardant,
avaient l'air de se demander réciproquement : « Qu'est-ce donc que tout
cela signifie? »

Suger s'aperçut bien qu'il y avait là-
dessous un mystère qu'il n'était pas
heure de pénétrer; il s'efforçait de
trouver un sujet de conversation ba-
nale, pour remettre tout le monde à
l'aise, quand on lui annonça que frère
Basile demandait à prendre congé de
lui. Il ordonna qu'on le fît entrer. Il

faut dire ici que la nièce adoptive de
Raymond était parmi les femmes de la
princesse. Au nom de frère Basile, la
pauvrette pâlit et fut sur le point de
s'évanouir.

Le moine entra ; c'était celui du caveau funéraire de Maubuisson. Après
son aventure, il était venu se confesser
au saint abbé, et se soumettre à péni-
tence pour obtenir l'absolution. Il l'a-
vait reçue, et retournait enfin à son
couvent. Il baisa respectueusement la
main du docte personnage, et se recommanda à ses prières. Mais, comme
en se retirant il saluait l'assistance avec
l'humilité convenable à son état, voilà
que par hasard ses yeux rencontrèrent
ceux de la jeune religieuse. Il s'arrêta
devant elle, comme si tout-à-coup il
eût été changé en pierre. Puis, peu à

peu, sortant de cet état, sans cesser
d'avoir les yeux fixés sur elle avec effroi : « Est-ce vous? est-ce vous que je
vois? lui dit-il. Mais, par le Dieu tout-
puissant et monseigneur saint Denis !
d'où venez-vous? — Vraiment, répondit la princesse, cette jeune femme
m'appartient ; elle vient de Pontoise
avec moi. — Oui, » ajouta la pauvrette
en faisant effort pour se rassurer, « oui,
mon Père, je reviens de Pontoise. »

Le pénétrant Suger, après la confes-
sion du moine, devait comprendre quelque chose de plus à cette aventure-ci
qu'à l'autre; il ne demanda pas davantage à en être instruit. Il fit un petit
signe de la main au mathurin qui se
retira incontinent. Les courtisans se regardèrent encore en s'exprimant le
même étonnement et la même curiosité.

La princesse, trop occupée de ses propres affaires, ne donna pas à celle-ci toute l'attention qu'elle semblait réclamer : elle se leva brusquement, et prit congé de l'abbé. Or, comme la jeune protégée de Raymond se disposait à la suivre, Suger retint la gentille personne, ayant, dit-il, à éclaircir des faits où l'intérêt de l'Eglise avait part. » Il n'y avait rien à répondre; Marguerite laissa la jeune nonne, et, à son plus grand regret, l'oncle prétendu de celle-ci : ce qu'elle lui fit bien voir à lui-même par les regards dont elle l'honora en partant.

Quoique la distance de Saint-Denis à Paris ne soit pas grande, la princesse fit cependant en route beaucoup de réflexions, et les courtisans, beaucoup de mauvaises plaisanteries sur les réponses du bon homme Claude et de sa nièce.

On arriva au palais dans ces dispositions : Marguerite entra d'abord avec
sa suite dans la chambre du bon roi
Louis-le-Pieux. A peine, selon l'usage
d'alors, s'était-elle agenouillée devant
son gentil père pour le saluer, qu'elle
se releva soudain, comme par un mouvement frénétique, en s'écriant involontairement : « Grand Dieu du ciel!
encore! Suis-je trahie ou ensorcelée? »
Elle venait d'apercevoir près de monseigneur sondit père, le grand-bouteiller de France, messire Jean de Villiers.
« Messire Jean le grand-bouteiller, »
lui cria-t-elle d'une voix plus troublée
et plus émue qu'elle n'avait fait au bon
homme Raymond chez l'abbé de Saint-
Denis, « parlez! est-ce vraiment vous
que je vois ici? Comment cela peut-il

se faire, et d'où venez-vous? » Alors le
grand-bouteiller, avec non moins d'é-
motion qu'elle : « Gentille princesse,
répondit-il, je reviens de Pontoise. »
Et Mathieu de Beaumont s'avançant
aussitôt : « Et moi, de Pontoise aussi,
très-noble et gracieuse dame. » Puis
enfin le vicomte de Vallangoujart, du
même ton que ses deux devanciers : « Et
aussi moi de Pontoise, haute et puissante suzeraine. » Personne n'en dit
davantage ; mais les visages et les con-
tenances n'usèrent pas de même discrétion que les langues ; et il fut facile
aux assistans de deviner qu'il y avait
en jeu plus de choses qu'on n'en voulait
donner à connaître. Mais ce fut tout ;
car le roi ayant fait sortir tout le monde, hors sa fille et les trois gentilshom-
mes, tout le procès se traita entre eux

à huis-clos. L'illustre Suger arriva cependant sur la fin de la conférence ; il
fut immédiatement introduit. Il est pro-
bable qu'il contribua beaucoup à la
pacification générale ; mais rien n'en
transpira. Tout ce dont la cour put
s'emparer à titre de renseignement,
c'est que les fiefs, arrière-fiefs et dé-
pendances des seigneuries de Villiers et
de Beaumont relevèrent désormais du
roi, sous l'obligation de foi et hommage,
par ledit roi, à la sainte église de monseigneur saint Denis où était déposé
l'oriflamme. Le fief de Vallangoujart
releva de la seigneurie de Pontoise ;
mais le possesseur dudit fief eut en récompense une singulière augmentation
de droits, priviléges, et autorité sur les
serfs et vassaux de sa terre, et le bon
roi Louis-le-Pieux lui fit compter une

forte somme de deniers par le trésor
royal. Claude Raymond eut permission
de passer en Italie, où il fit annuler les
vœux de sa nièce adoptive. Plus tard,
celle-ci épousa l'homme pour l'amour
duquel elle s'était exposée à un si grand
péril. L'inquiète et malicieuse oisiveté
des courtisans ne put rien saisir de plus ;
mais elle s'amusa de la réponse si sin-
gulièrement mystérieuse des acteurs de
ces diverses scènes. Cette réponse fut
même bientôt dans toutes les bouches,
à la ville et dans les provinces aussi
bien qu'à la cour. Mais comme personne
n'en savait le véritable sens, chacun en
faisait à son caprice une application
arbitraire. A toute nouvelle ridicule, à
toute assertion peu digne de foi, à toute
pasquinade prétentieuse, ou d'une simplicité tant soit peu naïve, la réponse

était : « Allons, vous nous contez cela
comme en revenant de Pontoise. » Il
n'est personne, même encore aujour-
d'hui, qui ne se serve parfois de ce dicton en semblables circonstances. Nous
ne croyons donc pas avoir rendu un
médiocre service au public en lui faisant connaître ce qui y a donné lieu.

L'INDUSTRIEL.

L'INDUSTRIEL.

A M. le Chevalier de ***.

———

« Nous marchons sur un volcan, l'a-
bîme des révolutions va se rouvrir; la
démocratie nous déborde; la démocratie coule à pleins bords dans nos institutions. » Tels sont les textes favoris
sur lesquels madame votre grand'mère
ne cesse de gloser depuis 1819. Il faut
l'écouter avec respect, madame votre
grand'mère; mais il ne faut pas concevoir de trop vives inquiétudes sur ce
qu'elle dit. Vous voyez d'abord que
nous avons une pairie forte : monsieur

le duc *** votre oncle, monsieur le marquis d'*** votre cousin-germain en font
partie, et par ces deux messieurs vous
pouvez juger des autres membres de
cet illustre corps. On vous a fait voir
un tableau de la Chambre des députés;
vous savez combien il y a de gentils-
hommes contre un citoyen appartenant
au barreau, à la littérature, aux sciences, au commerce. Beaucoup siégent
à gauche, me direz-vous. Qu'importe !
l'essentiel est qu'ils siégent, qu'ils con-
courent avec leurs amis, leurs parens
(et les vôtres) de l'autre Chambre, à
faire nos lois, à empêcher eux, et tous
les gros propriétaires comme eux (et
nous par la même occasion), de payer
de trop forts impôts. Le roi crée les
pairs, mais nous créons les députés, et
il est notoire que les titres n'effarou-

chent pas trop notre démocratie. Voyez-
vous, monsieur le chevalier, les institutions ne font pas les mœurs, et les mœurs
modifient souvent les institutions. Nous
sommes trop vains, nous autres Français, pour n'être pas aristocrates. Voilà
précisément le nœud, vous dira-t-on.
Cette vanité pousse les riches à recher-
cher l'importance sociale et à tout faire
pour nous en dépouiller. — Appelez-les
à vous, épousez leurs filles, donnez-
leur les vôtres. — Ah! — Cela se faisait
sous Louis XIV, sous Louis XV, sous
l'empire! C'est une coutume qui date
de Pharamond, sous lequel aussi commença la révolution française.

Lisez l'historiette suivante, et cessez
de nous regarder comme des gens qui
vous aient juré guerre à mort.

Au mois de juin de l'an 1809, l'é-

pouse du colonel C *** se rendait en Al-
lemagne, où venait de s'ouvrir une campagne glorieuse pour les armes françai-
ses. Cette dame prenait quelques instans
de repos dans un petit village de la route
militaire, quand on vint l'avertir qu'une
pauvre femme veuve d'un soldat dont
le régiment avait passé quelque temps
dans ces cantons, venait d'expirer en
donnant le jour à un enfant. Madame
C*** avait de la religion et de l'humanité;
elle se transporta auprès de la pauvre
femme, et vit que ce qu'on lui avait
rapporté n'était que trop vrai; le nou-
veau-né était sur le lit de la morte, objet de tristesse et de compassion; elle
s'occupa du double soin des obsèques
de la mère et de l'état civil de l'enfant.
Personne ne pouvant faire connaître le
nom du soldat, madame C*** donna au

pauvre petit celui de *Crescent*, le saint du jour. Elle le mit chez une jeune nourrice dont elle commença par bien payer les soins futurs en lui promettant de ne pas laisser l'enfant à sa charge.

En personne véritablement pieuse, madame C*** ne cherchait pas la vaine gloire dans les bonnes actions : c'étaient de secrètes jouissances entre sa conscience et elle; le petit Crescent lui dut pendant six ans des soins connus d'elle seule et de ceux qui les rendaient à l'innocent pour le salaire qu'elle y attachait. L'excellente femme mourut en 1815 d'une maladie de poitrine, et l'on ne connut ses bienfaits que par son testament. Le petit Crescent n'y était pas oublié, elle y disposait en sa faveur d'une somme modique, mais rigoureusement suffisante pour assurer son exis-

tence, et elle recommandait expressé-
ment que l'on continuât son éducation
comme elle l'avait commencée. L'enfant, doué d'un heureux naturel, répondait aux bonnes intentions de sa
bienfaitrice; il termina ses études en
peu d'années, et avant l'âge de quinze
ans, il pria monsieur C*** (actuelle-
ment marquis de C***) de vouloir bien
lui permettre de prendre un état.

Le marquis appartenait à une grande
famille, famille historique, comme disait madame de Staël. Il avait émigré
au commencement de la révolution, et
était rentré sous le consulat comme
tant d'autres. Comme tant d'autres, il
fut recherché par l'homme qui, voulant
faire de la république une monarchie,
croyait devoir s'entourer des hautes
notabilités patriciennes; il fut séduit

par la gloire, par les qualités per-
sonnelles, par l'enchantement de cet
homme; il s'attacha à lui et le servit
avec zèle et bonne foi; il vit sa chute
avec douleur; le retour des princes
pour lesquels il s'était déclaré au commencement de la lutte, lui sembla devoir être, pour lui, un signal de per-
sécution. Dans cette idée, il s'éloigna
et renonça à des faveurs que ne négli-
gèrent pas de venir solliciter d'autres
personnes de sa famille qui peut-être
en étaient moins dignes.

Il cultiva dans sa retraite un voisin
de campagne qui, comme lui, se croyait
destiné aux petites animosités du pouvoir; c'était un riche fabricant qui,
sous le dernier gouvernement, avait obtenu la croix de la Légion-d'Honneur,
et auquel on avait même fait espérer le

titre de baron de l'empire, avec ma-
jorat, armoiries et livrée. Dans leurs
préventions, ces deux hommes se com-
muniquaient des pensées peu favora-
bles à tout ce qui tenait le timon des
affaires. Peu à peu la liberté de parler
devenant plus grande, ils se firent hautement connaître par un esprit d'opposition qui les rendit chers à tous ceux
qui voyaient avec peine le nouvel état
de choses ou qui souhaitaient de l'améliorer. Toutes ces circonstances réunies
produisirent encore un autre effet, ce
fut de serrer entre eux les liens de la
plus vive amitié. Le marquis ne pouvait
se passer du fabricant, ni le fabricant
du marquis; ce dernier toutefois, moins
démagogue que l'autre dans ses paroles,
était plus populaire en effet. Les théo-
ries dont il s'était occupé par occasion

avaient éveillé sa compassion sur une foule de misères qu'il avait ignorées jusque-là. A mesure qu'il pénétrait plus avant dans le secret des maux du peuple, il sentait s'accroître les sympathies de son ame généreuse; il avait les abus en horreur et cherchait à les connaître, non pour la petite satisfaction d'en faire honte aux ministres à la tribune, mais dans l'espoir plus noble d'y faire remédier. « Ces gens-là, cette canaille-là, » étaient des mots rayés de son vocabulaire; il comprenait que la pauvreté pouvait dégrader aisément un esprit sans lumières, et cela le rendait indulgent pour tous les petits délits dont il avait seul à se plaindre. Par la même raison, tout ce qui avait pour objet de rendre les hommes meilleurs en les éclairant, était libéralement encouragé dans ses terres. M. S*** (le fabricant) n'était jamais guidé par cette sensibilité que quelquefois même il nommait ridicule. Quand il méditait quelque écrit, quelque discours sur les fautes de l'administration : « Que cela va les faire enrager ! » disait-il en riant et en se frappant la cuisse de sa main. Il souscrivait pour les incendies, pour l'enseignement mutuel, et les journaux ne manquaient jamais de le dire ; mais en général, les malades de son village, les pauvres honteux, les victimes d'accidens partiels n'étaient pas secourus, et les journaliers demeuraient sans travaux. M. de C*** voyait beaucoup de monde de toutes sortes de conditions ; personne ne sortait de chez lui sans avoir à se louer de sa politesse ; M. S*** était affable, froid, dédaigneux même quelquefois avec ses amis suivant ce qu'il nommait « leur position sociale. »

Or donc, quand le jeune Crescent vint faire part de ses désirs à son protecteur, M. de C*** songea aussitôt à son ami S***. « Le commerce, dit-il au jeune homme, est une voie prompte et honorable pour arriver à la fortune, et je ne doute pas qu'avec du travail et de bons avis vous n'y fassiez votre chemin comme un autre. » Il allait justement dîner ce jour-là chez l'honorable industriel; il lui parla du jeune homme au salon en prenant le café; il ne lui dit pas précisément à quel titre il s'y intéressait; il n'en parla que comme d'un enfant sans fortune que sa femme avait élevé et qu'il désirait établir. Sa recommandation, comme on l'imagine bien, fut toute-puissante; le lende-

main, Crescent alla voir M. S*** qui
lui donna une place dans ses bu-
reaux.

Mais M. S*** avait une fille, jeune
personne charmante, bonne, sensible,
remplie de talens et de grâces, à laquelle aucune perfection n'aurait manqué si malheureusement elle n'eût été
entichée du défaut dominant de monsieur son père, l'orgueil. Le pauvre
Crescent ne put la voir sans en devenir
amoureux ; ce fut à un bal donné chez
M. S*** pendant le carnaval. Il ne lui
adressa pas un mot ; encore bien moins
se permit-il de l'inviter à danser : aucun
de ses camarades, tous plus anciens que
lui dans la maison, ne paraissait avoir
seulement songé à prendre une telle
liberté ; d'ailleurs il n'était pas danseur,
il savait un peu de musique, et proba-

blement il n'eût pas manqué à la cadence ; mais les figures... dans le trouble où il était, il sentait parfaitement
qu'il lui eût été impossible de ne les pas
brouiller. Enfin eût-il été capable de
s'en tirer comme Paul ou Albert, la demoiselle ne l'eût pas mieux accueilli
pour cela : elle ne dansait jamais avec
les commis de son père ; elle ne leur
adressait jamais la parole, elle ne savait
pas s'il existait au monde une espèce
d'hommes appelés commis. Elle était
dans son salon comme une divinité,
entourée d'essences de natures diverses
qui se gardaient bien de se confondre ;
les plus pures étaient les plus rappro-
chées, et les autres se dégradaient en
s'éloignant, de sphère en sphère, jusqu'à la plus voisine des êtres matériels ;
c'était celle-là qui fournissait la *tapis-*

serie, les beyeux [1]; comme dit l'auteur d'Edouard et d'Ourika : les commis y étaient relégués; l'humanité commençait là. Si les choses n'étaient pas exactement ainsi, c'était ainsi que Crescent les voyait, et il s'en affligeait comme d'une réalité.

Une année se passa; la saison des bals revint. Crescent, un peu plus au fait des usages de la maison, dut éprouver un peu moins de regrets; il ne dansa pas avec Théodule (c'était le nom de mademoiselle S***), mais elle le vit danser, et elle dit tout haut qu'il dansait bien. L'amour le plus modeste et le plus timide est encore plein de hardiesses et de témérités. Mille occasions se pré-

---

[1] Probablement *bayeurs*, de *bayer :* vous bayez aux corneilles. On disait de même : mes *porteux* pour mes *porteurs*.

sentèrent de se montrer attentif, empressé ; il n'en laissa pas échapper une ;
un coup-d'œil, un sourire, furent chaque fois sa récompense ; il était plongé
dans un océan de bonheur. Ces pre-
mières faveurs accordées sans dessein
sont les plus délicieuses conquêtes de
l'amour. Crescent, protégé par M. de
C***, était traité dans la famille de
M. S** avec un peu plus de distinction
que les autres commis; il mangeait quelquefois à la table du maître, les petits
jours, les jours où il n'y avait que son
protecteur et quelques amis intimes.
Mais mademoiselle Théodule y était;
c'était l'univers pour le jeune homme.
Ces douceurs cependant n'étaient jamais entièrement sans amertume.
M. S*** ne se donnait plus la peine en
petit comité d'être un philantrope aussi

parfait que dans les circonstances offi-
cielles ; il disait, sans se gêner, ce
qu'il pensait sur beaucoup de choses.
Les gens qui n'avaient rien que du mérite, par exemple, n'étaient pas trai-
tés par lui avec prédilection ; il les trouvait arrogans, fiers du peu qu'ils va-
laient, et penchait ouvertement à les
croire vils et sans foi. « Des sciences,
des arts, des talens, dit-il un jour
que la chaleur du discours et peut-être
aussi un peu de champagne l'exaltait,
j'en fais cas comme de deux œufs[1], »
expression assez remarquable pour être
littéralement constatée. Et, bien que
ces grossières idées ne fussent pas ex-
primées par mademoiselle Théodule

---

[1] Ce fut à des artistes et à des gens de lettres que cet
ignoble mot fut adressé en face par un vandale à collet et
à paremens brodés.

dans un langage aussi grossier, il était
pourtant aisé de s'apercevoir que c'é-
taient aussi les siennes. Elle rachetait
ce travers de l'esprit, ou plutôt de l'é-
ducation, par un bon cœur et un caractère aimable ; mais le pauvre Crescent, qui ne se sentait pas plus de droit
à la considération que les gens à qui on
en accordait si peu, faisait de tristes re-
tours sur lui-même. Il était sans projets
néanmoins, et ce n'était qu'un sentiment délicat qui se trouvait blessé en
lui par ces découvertes.

La belle saison arriva. Théodule partit pour la campagne avec une vieille
parente qui lui servait de surveillante,
car depuis long-temps elle avait perdu
sa mère. Crescent la voyait moins souvent, mais il en fut bien dédommagé
par le surcroît d'intimité qui en résulta.

Il allait tous les dimanches chez M. de C***, où souvent venaient aussi la jeune demoiselle et son père, et quand ils n'y venaient pas, la plupart du temps le marquis allait chez eux. Dans ce cas il avait toujours soin de mettre son protégé de la partie. Les libertés que la campagne autorise servaient d'aliment à son amour et lui faisaient supporter un peu plus patiemment les tourmens de l'absence. Cependant il n'était pas encore descendu dans son cœur, et l'amour en était devenu le plus vif, le seul sentiment, bien avant qu'il en fût convenu avec lui-même. Enfin un événement tout naturel et que cependant il n'avait pas prévu, vint lui faire ouvrir les yeux. Mademoiselle Théodule fut demandée en mariage ; M. S*** l'apprit un jour en dînant à son bon ami C***.

Crescent était présent; il pâlit, il se sentit frappé d'un coup douloureux qui fut en même temps pour lui un trait de lumière. Le bon M. de C*** s'aperçut de l'altération subite de ses traits; il lui demanda s'il se trouvait incommodé, et le jeune homme d'une voix pleine d'émotion essaya de calmer ses inquiétudes. Il n'y réussit pas entièrement; le conseil de sortir et de prendre l'air lui fut donné par le digne homme; mais il n'en voulut rien faire: la conversation qui n'était pas achevée l'intéressait plus vivement que le dérangement apparent de sa santé.

M. S*** parla sans enthousiasme, mais d'un ton où la vanité satisfaite pouvait aisément se reconnaître, du parti qui se présentait pour sa fille. C'était le fils du comte de ***, maré-

chal-de-camp, commandant une di-
vision militaire. « Le jeune homme est
fort bien, dit-il, pas riche ; mais son
père sera quelque jour appelé à la pairie, et il est seul d'enfant ; puis je connais sa mère, elle est d'une ancienne
maison de ma province. Je me rappelle
le train que cela menait dans ma jeunesse ; un domestique nombreux, de
belles livrées, des équipages magnifi-
ques ! Je vois encore les armoiries pein-
tes sur les carrosses, deux licornes
pour support, et pour devise : *Pauper
divitiarum, honoris dives.* Cela jouis-
sait néanmoins de plus de cent mille
livres de rentes, assez jolie fortune pour
le temps. La révolution a passé là dessus, et la première partie de la devise
est devenue vraie; alors cela a recherché
les illustrations de la république ; cela

demande aujourd'hui à s'allier à nous.
C'est une belle chose que cette révolution ! » Et en prononçant ces paroles,
M. S*** ricanait comme s'il n'eût atta-
ché aucune importance à ce qu'il disait
et qu'il y eût mis plus d'ironie que de
sens positif. M. de C*** put s'y mépren-
dre ; mais Crescent ne fut pas si dupe :
il est vrai que leurs intérêts étaient dif-
férens.

Le pauvre jeune homme revint à
Paris, le désespoir dans le cœur : il ne
retourna plus à la campagne de toute
la saison. Son caractère franc, ouvert,
changea sensiblement. Enfin l'hiver ramena Théodule : tous les plaisirs qui la
suivaient reparurent avec elle, et le
malheureux Crescent fut témoin des
empressemens agréés de son rival. Sa
situation était affreuse : une occasion

14

d'en sortir se présenta, il la saisit avec avidité. Des relations récemment formées par M. S*** avec un des gouvernemens de l'Amérique méridionale, demandaient un agent sûr, intelligent et actif; il pria instamment M. de C*** de le proposer. Cela parut étrange à l'excellent homme : il eut peine à concevoir qu'avec une santé qui s'altérait de jour en jour, on pût, sans y être forcé, s'exposer aux fatigues d'un si long voyage. Il consulta un habile médecin à l'insu du jeune homme ; celui-ci tout d'abord soupçonna la vérité. « N'a-t-il pas ici, demanda-t-il au marquis, quelque inclination malheureuse? » Cette question à laquelle M. de C*** ne put répondre lui donna à réfléchir. Il observa Crescent attentivement ; mais celui-ci était si discret, il savait si bien se

contenir, qu'il fut impossible de rien
surprendre qui le trahît. On fut obligé
de l'attaquer ouvertement : il avoua
tout, se jeta aux pieds de son bienfaiteur, le conjura de lui pardonner, sol-
licita plus vivement encore qu'il n'avait
fait jusque-là son entremise pour obtenir l'emploi dont il faisait son re-
fuge.

Quoiqu'il lui fût extrêmement péni-
ble de se séparer d'un enfant qui était
presque le sien par les soins qu'il lui
avait donnés, et dont les bons sentimens augmentaient chaque jour sa
tendresse, M. de C*** consentit à ce que
lui demandait le pauvre jeune homme.
« Oui, mon ami, lui dit-il, tu as raison ; il faut t'éloigner. L'inquiétude que
me causait ton état de souffrance, était
surtout ce qui me faisait désapprou-

ver ton dessein. Loin de l'objet qui produit ce désordre, il cessera sans doute; ta tête se calmera, et, quand nous te reverrons, tu seras parfaitement guéri, je l'espère, de ces douleurs qui n'ont qu'un temps. Ce n'est pas d'ailleurs uniquement en ce qui te concerne que ta résolution est juste. Les femmes sont faibles, exaltées; la cause du dérangement de ta santé pourrait, malgré toi, venir à la connaissance de mademoiselle S***; et qui sait ce qu'une semblable découverte pourrait apporter de changement dans ses dispositions à l'égard du jeune comte de ***? Tu es orphelin, mon ami; tu n'as ni fortune ni état; renoncer à des idées que ton malheur t'interdit est d'un homme; et par-là, du moins, tu t'élèves, autant qu'il est possible, à la hau-

teur de ceux qui se croient peut-être
en droit de te dédaigner. »

Le marquis se rendit le jour même
chez son ami, pour lui faire part de la
demande de Crescent. M. S*** n'était
pas chez lui, il ne trouva que Théodule; il profita de cette occasion pour
lui toucher deux mots des intentions du
jeune homme. C'était sans doute un
moyen sûr de connaître à cet égard ses
dispositions secrètes à elle-même. Il se
fit donc conduire au salon, comme pour
attendre le père, bien persuadé que la
fille s'empresserait de venir lui faire
compagnie; ce qui arriva en effet. Mais
pour que le philosophe tirât de sa ruse
tout ce qu'il en espérait, il lui eût fallu
autant d'adresse et de sagacité que la
jeune fille avait de prudence et de cir-
conspection; et cela n'était pas.

« Mademoiselle, lui dit-il après les premiers complimens, je suis charmé de vous voir avant votre père. Il faut que vous me rendiez un service.

» — Moi, monsieur le marquis !

» —Vous-même. Mon jeune Crescent a besoin de quitter Paris, la France peut – être... (Mademoiselle Théodule laissa tomber son mouchoir; elle se baissa aussitôt pour le ramasser. Elle était rouge en se relevant; mais fallait-il attribuer cela aux paroles qui venaient d'être prononcées ou à l'effet de ce mouvement machinal? On pouvait confondre. M. de C*** continua.) «Je vous disais donc que mon petit protégé avait besoin de s'éloigner. (Grand temps pendant lequel rien de ce qui se passait dans l'ame de la demoiselle ne se manifesta dans ses yeux ni sur sa figure.) Votre père me disait dernièrement qu'il aurait besoin d'un homme intelligent à Buénos-Aires ; je sais à mon jeune ami toutes les connaissances nécessaires, et je ne crois pas qu'on puisse douter de sa probité. (Encore un petit silence, et pas plus de réponse, pas plus d'expression muette d'aucun sentiment intérieur qu'avant.) Je vous prierais donc, Mademoiselle, de vouloir bien demander cette commission pour lui.

» — Pour qui, Monsieur ? (Ici il y eut altération dans la voix ; mais une petite toux sèche, étouffée aussitôt dans ce mouchoir qui avait déjà contribué à rendre une épreuve équivoque, fit encore douter.)

» — Pour Crescent, pour mon jeune pupille, Mademoiselle.

» — Mon Dieu ! monsieur le marquis,

tout le monde s'intéresse ici à ce pauvre
jeune homme.... son malheur est si
grand !.... Je voudrais de tout mon
cœur pouvoir lui être utile... Mais Buénos-Aires, monsieur le marquis... (Encore de la toux ici.) c'est bien loin....
puis la mer... les périls d'une si longue
traversée.... dans l'état.... » La jeune
fille ne put pas achever, tant l'irritation
de sa poitrine devint violente; ce fut
au point que M. de C*** s'en inquiéta.
Il s'excusa auprès de la jeune personne
de l'avoir fait si long-temps parler,
ignorant qu'elle eût un si gros rhume.
Elle allait répondre, et probablement
faire quelque innocent outrage à la vérité; l'arrivée de son père l'en dispensa.
Il était accompagné de M. Alfred de ***
(le prétendu) ; il avait l'air soucieux et
embarrassé. Après avoir plusieurs fois

regardé sa fille et M. de C***, il s'a-
dressa à celui-ci : « Mon ami, lui dit-il,
je viens d'apprendre une chose qui m'a
fait beaucoup de peine.

» — Qu'est-ce donc ?

» — Votre protégé, votre pupille,
comme vous le nommez quelquefois...
a mal profité de vos nobles maximes et
de vos bons exemples.

» — Comment cela, s'il vous plaît ?

» — Mais voilà ce que sont tous ces
gens-là : il n'y a pas d'éducation qui
puisse redresser de vicieux penchans.

» — Expliquez-vous, de grâce ?

» — Je ne le devrais peut-être pas devant ma fille... Mais, après tout, il n'est
pas mal qu'elle sache ce qui se passe.
Apprenez que cet insensé (pour ne rien
dire de plus) se donne les airs de faire
le passionné pour elle.

» — Pour qui?

» — Pour vous, pour vous, Mademoiselle! Il paraît que ce sont des maniè-
res, des démonstrations... qui l'ont rendu la fable de toute ma maison, de mes
commis, de mes domestiques.

» — C'est vrai, ajouta M. Alfred; et
mon valet de chambre a cru devoir
prendre sur lui de m'en avertir. Cela
ne porte pas la moindre atteinte à la
réputation de Mademoiselle; ses principes sont connus, et la mettent à l'a-
bri. Mais tout cela est ridicule, et dans
le monde le ridicule est ce qu'il faut
éviter avec le plus de soin. »

Après ce bel aphorisme, M. Alfred
se tourna vers une glace, pour voir si
en parlant il n'aurait pas eu le malheur
de déranger la savante combinaison des
plis de son col et de sa cravate.

M. de C*** prit la parole. « Ce qu'il faut éviter soigneusement partout, dit-il, c'est de commettre une mauvaise action, de nuire à un malheureux par des paroles indiscrètes. Oui, mon pupille aime Mademoiselle, il me l'a avoué à moi-même. Voilà plusieurs années qu'il combat une passion conçue involontairement, par l'effet tout naturel des charmes de celle qui en est l'objet. (Théodule s'était assise devant un ouvrage de tapisserie.) Mais cette passion était sans coupable dessein, aussi bien que sans espoir. Si des valets s'en sont aperçus, c'est bien plutôt par une téméraire malice, que par l'imprudence d'un malheureux qui savait bien qu'en ceci c'était un crime que de n'être pas prudent. La violence de ses sentimens a pu les trahir malgré lui, et cela se conçoit sans peine. Mais lui-même cherchait des moyens pour se soustraire à ce danger.

» —En attendant, dit Alfred en s'approchant du fauteuil de la future, il faisait de sottes romances et de fades élégies.

» — Qui dit cela ?

» — J'en ai la preuve. (Il remit des papiers à M. S***.) Voici ce que ses camarades ont trouvé dans un tiroir du bureau où il travaille. »

M. S*** jeta un coup-d'œil sur ces écrits ; puis, les froissant entre ses doigts, il en fit une boule qu'il lança dans la cheminée. « Sottises ! fadaises ! » murmura-t-il, et il essaya de changer le sujet de la conversation ; mais M. de C*** s'y attacha. « On a eu tort, dit-il, de se permettre ce petit acte inquisitorial : un homme, quel qu'il soit, ne doit compte de ses pensées à personne, et ceux qui cherchent à en dérober le secret, même sans dessein de le trahir, sont coupables ; à plus forte raison le sont-ils ici, où ils pouvaient indisposer contre un infortuné les personnes...

» — Monsieur le marquis a raison, dit avec feu mademoiselle Théodule ; et j'espère qu'une action si répréhensible recevra la récompense qu'elle mérite.

» — Je ne parle ainsi dans l'intention de nuire à qui que ce soit, reprit M. de C***, je ne cherche qu'à pallier un peu les torts d'un pauvre jeune homme qui a cédé un peu trop facilement à un penchant qu'à son âge il est peut-être exemplaire de combattre avec autant de constance et de bonne foi. »

Mademoiselle Théodule, dont la toux

s'était entièrement calmée, prouva très-
bien que ceux qui avaient commis cette
indiscrétion ne méritaient aucune grâce, et qu'ils ne l'avaient pas moins com-
promise elle-même que le malheureux
dont ils avaient si méchamment éventé
les secrets insensés. « C'est ce que je me
tue de vous dire , ajouta M. Alfred , et
nous saurons sur qui faire tomber le
châtiment, en remontant à la source de
tous ces caquets, par le moyen de mon
valet de chambre. — Non, non, s'il
vous plaît, répliqua M. S***, point de
valets en tout ceci, je vous prie ; je sau-
rai bien, sans recourir à de pareils
agens, arriver à la connaissance exacte
de ce qui s'est passé chez moi. Votre
protégé, dit-il à M. C***, ne s'en est pas
moins conduit d'une façon très-blâma-
ble, et le tort des autres n'excuse pas

le sien. — Certainement, dit M. Alfred en s'étendant sur une ottomane,
alors il serait permis à tous les hommes d'aimer toutes les femmes sous le
seul prétexte qu'ils seraient sensibles :
ce serait une épouvantable confusion
dans la société; ce serait une horreur.
Ce n'est pas tout que d'être sensible, il
faut avoir de la fortune, un rang, un
nom... être quelque chose enfin pour
se permettre d'aimer une demoiselle
comme il faut. Que diable! quand on
n'est rien, il faut se faire une raison;
s'adresser à des femmes de son étage.
Il ne manque pas de femmes dans le
monde. » Après cette belle argumentation, le jeune homme se leva, et alla,
d'un air très-content de lui-même, ra-
juster ses cheveux devant une glace;
après quoi il prit congé de la compa-

gnie dans laquelle son départ ne parut
affliger personne.

Le bon M. de C*** expliqua alors le
motif de sa visite; il en appela au té-
moignage de mademoiselle Théodule
des propositions qu'il renouvelait, et
déclara sur l'honneur que c'était à la
sollicitation de Crescent qu'il venait les
faire.

M. S***, sans vouloir reconnaître ce
qu'il y avait de généreux dans cette résolution, y donna cependant les mains.
« Il partira, dit-il, j'y consens. Vrai ou
faux, cet amour-là ne lui aura pas été
inutile. L'emploi sera lucratif; et pour
un homme intelligent... comme il paraît
l'être. — Quoi! mon père, interrompit
mademoiselle Théodule, vous croiriez
qu'une ruse indigne...

» — Je ne veux rien approfondir...

Je sais qu'une heureuse imagination a quelquefois été le fondement ou le point de départ d'une grande fortune. Ne connaissez-vous pas l'histoire de ce médecin qui s'en allait la nuit frapper à la porte des hôtels?... — Mon ami, dit le marquis d'un ton pénétré en prenant la main de M. S***, vous me faites beaucoup de peine. — Pourquoi donc? Est-ce que je l'inculpe? Est-ce que cela lui fait tort? Vous voyez bien que non. Et, entre nous, je n'en ferai pas moins de cas de son intelligence. »

Un domestique entra, et vint avertir le fabricant qu'on l'attendait pour affaire dans son cabinet. Il sortit en renouvelant l'agrément qu'il donnait aux desseins de Crescent.

Le marquis et la jeune fille se regardèrent quelques instans sans parler;

enfin celle-ci reprit machinalement son
ouvrage, et le premier s'approcha d'une
croisée sur les vitres de laquelle il se
mit à battre le tambour avec ses doigts.
De cette croisée qui ouvrait sur le jardin de la maison, il promenait ses regards sans rien voir et semblait pareil-
ment ne pas entendre le bruit que lui-
même il faisait. Tandis que cela se passait en présence de mademoiselle Théodule qui ne témoignait s'apercevoir
de rien, celle-ci de son côté suivait tout
de travers le tracé de sa brodrie et cas-
sait sa laine à tout moment; bref, une
égale préoccupation affecta long-temps
les deux acteurs de cette scène muette
et cependant fort significative dans son
énergique silence. Crescent entra; il y
mit fin; il venait de voir son patron
qui lui avait fait part des arrangemens

pris à son égard. Le jeune homme quittait Paris dès le lendemain, profitant de l'occasion d'un message diplomatique qui abrégeait les lenteurs d'usage en pareil cas.

« Demain ! s'écria M. de C***.

» —Demain, répondit son jeune pupille, tremblant, pâle, et s'efforçant de donner à sa voix l'accent d'une fermeté qu'il n'avait pas.

» — Saluez donc Mademoiselle, et faites-lui vos adieux; car vous n'aurez sans doute plus le temps de la revoir.

» — Monsieur Crescent, dit Théodule en se levant tout-à-coup et en fixant sur le jeune homme un regard solennel, vous ne devez pas partir, vous ne partirez pas. « Après ces mots elle sortit du salon, laissant le protecteur et le protégé dans une égale surprise. « Faites toujours vos préparatifs, dit M. de C*** à Crescent, et attendons ce qui doit arriver. »

Ils retournèrent à l'hôtel où en effet le jeune homme s'occupa des apprêts de son voyage.

Dans la soirée M. S*** vint voir le marquis. « Vous me voyez dans le plus grand embarras, lui dit-il en entrant ; ma fille ne veut plus de son prétendu. C'est, selon elle, un homme sans délicatesse, qui n'a pas craint d'organiser autour de celle qu'il devait le plus respecter au monde, un espionnage offensant et odieux ; et il est bien vrai qu'il paraît être l'instigateur de tous ces petits commérages dont nous avons été entretenus tantôt. Je viens de mettre deux de mes commis à la porte ; mais je ne peux pas me décider à rompre si

lestement avec un gendre qui me convenait.

» — C'est à votre fille qu'il doit con-
venir avant tout.

» — Elle en était satisfaite, vous
même l'avez vu; un beau nom, des ma-
nières distinguées, une livrée magnifique... cela eût fait le plus brillant mariage !... Jamais, ajouta-t-il avec hypocrisie et comme s'il plaisantait de ses
propres paroles, jamais le curé de ma
paroisse n'eût vu tant d'équipages, d'armoiries, tant de sabat à la porte de
son église. Cinquante mille francs en
bonnes espèces y auraient été jetés à la
tête des indigens.

» — Je conçois ce que cela eût eu de
flatteur pour vous; mais c'était un plaisir bien court, éclatant précurseur
peut-être du malheur de votre fille.

» — Ce n'est pas tout : peut-être va-
t-il y avoir entre elle et moi une rupture ouverte ; elle s'oppose à ce que le
jeune homme parte. (Le marquis garda
le silence ; son ami continua:) Il est impossible de rien comprendre aux femmes.
Votre protégé lui est indifférent ; cela
ne peut pas faire la matière d'un doute;
mais il s'est montré sensible à ses charmes ; elle en est flattée. J'ai plaisanté
devant elle sur cette admiration que
j'ai osé supposer feinte ; sa vanité s'en
irrite, et trouble sa raison au point
qu'elle ne veut plus qu'il parte. Que di-
tes-vous de tout cela ?

» — Je dis, mon cher S***, qu'un sûr
moyen de se tromper dans l'appré-
ciation des actions humaines, c'est de
ne savoir leur prêter que de vils motifs. En admettant que cette prétendue

vanité ne soit pas tout-à-fait étrangère
à la conduite de Théodule en cette circonstance, croyez-vous qu'elle la dé-
cide seule? J'ai mieux lu que vous dans
son cœur; elle pourrait, par un sentiment d'équité, voir avec peine la supposition injurieuse qu'on se permet sur le
compte d'un jeune homme estimable;
mais elle ne la relèverait pas avec cette
chaleur, elle n'y mettrait pas cet intérêt
qui ne peut venir que d'une cause plus
tendre : en un mot elle l'aime.

» — L'aimer ! lui ! Elle? ma fille !

» — Oui.

» — En voilà une supposition injurieuse : un homme de rien, qui ne peut
prétendre à rien, un misérable orphelin ou un bâtard peut-être, qui, sans
le hasard et la commisération de votre
épouse, ne serait probablement au-

jourd'hui qu'un mendiant, un vaga-
bond... ou pis encore.

» —C'est le hasard qui nous fait,
tous, ce que nous sommes : riches,
pauvres, heureux, infortunés ; il in-
flue même sur nos vertus, sur nos talens qu'il développe ou qu'il anéantit à
son gré. Le jeune Crescent a une belle
ame, un esprit droit ; la nature l'a doué
d'un extérieur qui ne dépare point ses
qualités morales ; je ne vois pas en quoi
une femme qui l'aurait pour mari serait si à plaindre.

» —On ne peut pas répondre sérieusement à cela. Ces maximes faites pour
l'état sauvage ou tout au plus pour les
derniers degrés de notre échelle sociale,
ne peuvent pas être à l'usage de gens
comme... vous et moi.

» — Tant pis, en ce cas, pour moi

et pour vous ! Comment veut-on que des gens à qui nous reprochons d'avoir des préjugés en soient exempts quand nous-mêmes en avons comme eux ! »

La conversation dura encore quelque temps sur ce ton, et les deux amis étaient prêts à se séparer fâchés, quand Théodule s'offrit à eux avec toutes les marques de la plus violente émotion. Elle venait prier M. de C*** de ne pas quitter Crescent ; elle trouvait bon qu'il partît pourvu que ce fût le lendemain de grand matin ; du reste, elle se soumettait à tout ce qu'exigeait son père, et consentait à devenir la femme de M. Alfred.

M. de C*** voulut connaître la cause de cette soudaine révolution ; il apprit que le fils du comte de *** avait outrageusement provoqué son pupille, et

16

que le jeune homme s'était vu dans la
nécessité d'accepter un duel pour le
lendemain. « Ne le destinant pas à une
carrière illustre, dit-il avec amertume,
je n'avais pas cru devoir l'initier à l'art
du spadassin... N'importe, il ne faut
que du cœur; il se battra.

» — Ah! Monsieur! s'écria Théodule, faites bien plutôt tous vos efforts
pour l'en empêcher. Je me suis infor-
mée, Monsieur; j'ai des renseignemens
sûrs; M. Alfred est une des plus fortes
épées de Paris, et au pistolet il met
une balle à vingt pas dans la plus petite pièce de monnaie. »

M. de C*** promit d'accommoder
l'affaire, et il se hâta de congédier le
père et la fille, en tâchant de donner à
celle-ci des espérances que lui-même
n'avait pas. Elle fut obligée de partir;

mais son père commença à penser,
comme le marquis ; que le jeune orphelin lui était plus cher qu'elle ne disait. On conçoit qu'il fut peu flatté de
la découverte.

M. de C*** courut à l'appartement
de Crescent ; celui-ci n'y était pas , il
l'attendit. Le jeune homme rentra tard,
et parut étonné en trouvant chez lui
son bienfaiteur. Il avait sous son habit
une épée et des pistolets qu'il déposa
sur un meuble en faisant tout ce qu'il
put pour qu'on ne le vît pas ; mais le
marquis le mit tout d'abord à son aise.

« Vous vous battez demain ? lui dit-il.

» — Moi, Monsieur ?

» — Vous ; ne cherchez pas à me
tromper ; je sais tout, et je ne prétends
pas vous détourner de ce que , dans
vos préjugés de jeune homme , vous re-

gardez sans doute comme un devoir. Mais apprenez-moi comment la querelle est venue; j'espère que vous n'êtes pas provocateur.

» — J'en atteste le ciel ! J'étais allé ce soir chez M. S*** pour prendre dans mon bureau quelques écrits... qui devaient y être.

» — Oui, des vers, par exemple.

» — Il y avait... ou du moins il devait y avoir des vers... et autre chose.

» — Enfin ?

» — Je trouvai que ces effets m'avaient été enlevés. Je m'en plaignis ; on me dit que M. Alfred les avait.

» — Vous êtes allé les lui demander?

» — Il était dans la maison; quelqu'un sans doute fut l'avertir... Il vint ; je réclamai ce qui m'appartenait... ce qui n'était qu'à moi ; je ne reçus pour

réponse que des sarcasmes injurieux,
auxquels je ne crus pas devoir faire attention, mais comme j'insistais avec
plus de chaleur pour que mes papiers
me fussent rendus...

» — Vous pleurez... calmez-vous.
Qu'arriva-t-il ?

» — Un affront sanglant... un soufflet...

» — Un soufflet!..... il a osé!..... Et
qu'as-tu fait? As-tu gardé la même re-
tenue à cet outrage qu'aux autres ?

» — Je n'en ai pas eu la force, je
dois l'avouer; mon adversaire atteint
au visage par le premier objet que rencontra ma main, tomba aussitôt devant
moi privé de l'usage de ses sens.

» — Et c'est après les avoir recou-
vrés qu'il t'a appelé à ce rendez-vous ?

» — Oui, et il m'a dit : Je te verrai

aussi tomber demain ; mais pour ne plus te relever.

» — Ne te laisse pas effrayer à ces menaces d'un faux brave. T'es-tu assuré d'un témoin ?

» — Je n'ai encore pu trouver que le temps de me procurer des armes.

» — Tranquillise-toi : c'est un soin dont je me charge. Prends du repos, je te ferai éveiller, et surtout ne t'embarrasse plus l'esprit de ces apprêts de départ. Tu restes.

» — Quoi ?

» — J'ai mon projet... Sois ferme en cette affaire : tout tient à cela... Il est encore possible que tu deviennes heureux... selon ton cœur. »

Le marquis laissa Crescent frappé de ces derniers mots dont l'effet fut magique. Le jeune homme ne songea plus

à son duel, il ne s'occupa que des idées
de cette félicité mystérieuse qu'on lui
permettait d'espérer; il s'était mis au
lit, il s'endormit dans les songes les
plus rians, et ne s'éveilla que quand le
lendemain M. de C*** vint frapper à sa
porte.

Un homme entre deux âges, dont le
regard sévère et toutes les habitudes du
maintien annonçaient un ancien militaire, accompagnait le marquis; celui-
ci le présenta à Crescent. « Monsieur,
lui dit-il, veut bien être votre témoin;
conformez-vous entièrement à ses avis.»
Le jeune homme salua le nouveau-venu,
qu'il reconnut pour l'avoir vu quelquefois chez le marquis: il habitait la campagne et ne venait à Paris que rare-
ment; on le connaissait dans la société
sous le nom de capitaine Lambert.

M. de C***, dont il avait été le compagnon d'armes, en faisait le plus grand cas [1], et il n'avait pas cru pouvoir donner à son jeune ami un second à la fois plus brave et plus prudent.

Le bienfaiteur embrassa son protégé qu'il tint un moment pressé contre son cœur avec une angoisse profonde; enfin il s'en sépara, et le mettant entre les mains du brave militaire : « Capitaine, cria-t-il, je vous le recommande. »

Une voiture avait été attelée par ordre du marquis; Crescent et son témoin y montèrent. Le dernier donna à l'autre quelques instructions rapides. On arriva au bois de Boulogne; M. Alfred

---

[1] Il n'est plus, et l'auteur, dont il fut l'ami, se plaît à rendre à sa mémoire ce faible hommage de l'estime qu'il lui a conservée.

y était déjà accompagné d'un de ses
amis ; il voulut renouveler quelques-
uns des plats sarcasmes de la veille ; le
flegme glacial du capitaine y mit fin.
« Commençons par nous accorder sur
le choix des armes, Messieurs , dit-il ;
et après que chacun de vous aura fait
son devoir, libre à celui qui trouvera
la chose plaisante d'en rire; jusque-là,
c'est un non-sens et rien de plus. »

On choisit le pistolet : le sort favorisa
Crescent ; il tira le premier, et par un
effet du hasard , bien plus que de son
adresse, il cassa une cuisse à son adversaire. Celui-ci tomba , et comme Crescent accourait pour aider à le secourir :
« Retournez à votre place , lui cria-t-il,
je ne suis pas tué, et vous allez le voir
à ma riposte. »

Le jeune homme se remit en effet à

la distance réglée, et M. Alfred prit en
riant son pistolet. « Tiens, dit-il en l'a-
justant et en lui lançant un regard affreux, si tu peux crier *haie!* je suis un
grand maladroit. »

Crescent fut frappé en effet, une
balle lui traversa la poitrine, et le capitaine le ramena mourant à son bienfaiteur. On vit à la douleur de celui-ci
quel était son attachement pour l'infortuné jeune homme. Un habile chirur-
gien avait été, par précaution, mandé
à l'hôtel; il trouva la blessure très-dan-
gereuse : de graves et fréquens accidens
se déclarèrent aussitôt, et les gens de
l'art, appelés en plus grand nombre,
annoncèrent, à la suite d'une longue
hémorragie, qu'ils n'avaient plus d'espoir.

Le marquis crut devoir porter cette

triste nouvelle à M. S***; il le trouva
dans son cabinet avec Théodule. On
leur avait déjà fait part de la blessure
de M. Alfred. Quand la jeune fille eut
entendu que la vie de Crescent était en
péril, elle sentit en elle un mouvement
qu'elle s'efforça de réprimer tant que
M. de C*** fut présent, mais qui plus
tard ne lui devint que plus funeste; elle
s'évanouit, et quand elle revint à elle,
il fallut la mettre au lit où une fièvre
aiguë et d'un caractère très-alarmant
la retint long-temps entre la vie et la
mort. Pendant la plus grande durée de
ce désordre, elle fut en proie à un affreux
délire; elle voyait des épées, des ca-
davres, des hommes qui combattaient
et entre lesquels elle voulait se précipi-
ter. Le nom de Crescent échappait souvent de sa bouche et avec un accent

d'intérêt ou de terreur qui trahissait des sentimens qu'on voyait qu'elle n'avait cachés qu'en se faisant une extrême violence. Son père était au désespoir.

Cependant la blessure de Crescent cessa de donner les vives alarmes qu'elle avait fait concevoir d'abord; le caractère aigu disparut bientôt pour faire place à des symptômes graves encore, mais appartenant à un état qu'on pouvait avec quelque espérance entreprendre d'améliorer, et grâce à sa jeunesse et à sa bonne constitution, il se rétablit; mais sa poitrine demeura long-temps faible, et les médecins prescrivirent les plus grands ménagemens; on recommanda particulièrement d'écarter de lui tout ce qui pouvait lui causer quelque émotion un peu forte.

Après les marques de reconnaissance

qu'il ne cessait de donner à son bienfaiteur, son premier soin, quand il lui
fut permis de parler, fut de s'informer
de son adversaire, et comme par occasion, quoique ce fût là surtout ce qui
l'intéressait, de mademoiselle S***. Il
apprit qu'Alfred conserverait un long
souvenir de ses imprudences et du combat auquel elles avaient donné lieu; sa
blessure n'avait pas fait craindre un instant pour sa vie, mais les chirurgiens
avaient déclaré qu'il en resterait boi-
teux. Quant à mademoiselle Théodule,
il crut s'apercevoir qu'on évitait de répondre à ses questions, et par un sys-
tème convenu entre tous ceux à qui il
les adressait. Sans soupçonner la vérité,
cela lui parut cependant d'un fâcheux
augure. Il forma un projet dont il ne
fit part à personne, et l'exécuta en con-

séquence sans y trouver la moindre opposition. Un jour qu'il faisait beau, et
que le ciel doux et riant semblait autoriser un malade à chercher dehors un
air plus pur et plus serein que celui de la
chambre, le capitaine vint lui faire visite. « Je suis bien aise de vous voir,
lui dit-il en le voyant paraître ; si vous
avez quelques momens à perdre, je
vous serai obligé de vouloir bien me
servir encore de second. « Il se fit ha-
biller, et sous le prétexte très-plausible
de faire un tour de promenade, il s'a-
chemina avec le brave homme vers le
boulevard qui n'était qu'à deux pas.
Mais la maison de M. S*** était située
sur ce boulevard. Quand ils y furent
parvenus, le jeune homme feignant
tout-à-coup de se rappeler une affaire :
« Il faut que j'entre ici, dit-il, j'ai deux

mots à dire au maître du logis. — Je le connais, répondit le capitaine, je peux continuer à vous accompagner sans indiscrétion. »

Crescent ne répliqua pas, il entra. Toutes les personnes qui s'offrirent à ses yeux étaient tristes, taciturnes; une femme de chambre courut à lui toute éplorée. « Ah! Monsieur, lui cria-t-elle, venez, si vous voulez voir mademoiselle, hâtez-vous; plus tard il ne serait plus temps. » Frappé comme d'un coup de foudre, il eut cependant la présence d'esprit de prier le capitaine de l'attendre, et il se mit à marcher sur les pas de cette femme.

Il arriva à l'appartement de Théodule; il y régnait une sorte de désordre; le jour y était sombre; il ne reconnut d'abord aucun de ceux qui s'y trouvaient.

Mais une voix se fit bientôt entendre ;
c'était celle de M. de C***. « Crescent !
malheureux, que venez-vous faire ici ?
— Crescent ! reprit une autre voix,
qu'il ne s'éloigne pas, qu'il reste, il
nous sauvera peut-être. »

A ces mots, un homme, qu'il reconnut pour le médecin de la maison, vint
à lui et le prit par la main. Il ordonna
que les rideaux fussent ouverts, et entraîna le malheureux jeune homme auprès du lit où celle pour qui il avait
éprouvé une si tendre sollicitude était
étendue, pâle, sans mouvement, dans
un état qui sans être encore la mort
commençait cependant à n'être plus la
vie.

Il poussa un cri terrible et tomba sur
ce lit de douleur aussi anéanti qu'elle.

A ce cri la jeune malade fit un léger

mouvement; puis un profond et douloureux soupir s'échappa de son sein.
Bientôt elle ouvrit les yeux, étendit les
bras, et rencontra de sa main droite la
tête de Crescent. Elle tressaillit, se rani-
ma peu à peu et tourna ses regards à
demi éteints vers cet objet qui venait
évidemment de faire sur elle une si pro-
digieuse impression.

Tous les spectateurs de cette doulou-
reuse scène, M. S***, le marquis, quelques parens, le docteur, et deux ou trois
femmes de service, étaient dans la plus
vive anxiété. Crescent, qui d'abord s'é-
tait évanoui, commençait à revenir à
lui-même.

Enfin la pauvre Théodule put voir,
et ses facultés intellectuelles, quoique
toujours dans un extrême désordre,
se manifestèrent par plusieurs actes

18

consécutifs. Un léger sourire effleura
ses lèvres quand ses yeux se tournèrent
vers le jeune homme. Mais bientôt se
traits s'animèrent; une profonde horreur s'y peignit. En cet instant Crescent revenait à lui-même, et il portait
aussi ses regards vers elle. « Ah!...
ah!... s'écria-t-elle avec effort et d'une
voix entrecoupée de sanglots, c'est toi...
toi... mort!.. oui, mort... Ils l'ont assas-
siné! » Puis poussant un cri proportion-
né à l'état de prostration où elle était :
« Ah! ajouta-t-elle, je suis couverte de
son sang! »

Elle retomba dans son premier anéan-
tissement, mais cette fois le médecin
en tira un augure moins funeste.

On fit relever Crescent, et l'on s'aperçut que la jeune personne n'avait pas
trouvé dans sa seule imagination l'idée

du sang dont elle était couverte : l'émotion qu'avait ressenti le malheureux en la voyant dans un état si imprévu, avait occasioné la rupture de quelques fragiles vaisseaux du poumon, et le sang lui était sorti par la bouche. On lui prodigua avec empressement les premiers secours que son état réclamait; et M. S*** lui fit dresser un lit dans l'appartement qu'il occupait avant les événemens dont on déplorait trop tard les funestes résultats.

Pendant qu'on faisait ces préparatifs, M. de C*** prit son ami à l'écart. «Enfin, lui dit-il, il est maintenant démontré que ces jeunes gens s'aiment; les rendrons-nous victimes de préjugés que vous et moi combattons souvent hors de chez nous avec tant d'énergie?

» — Si les gens de l'art pensent qu'on

ne puisse les rappeler à la vie qu'en les
mariant, certainement je ne m'y oppo-
serai pas. J'aime ma fille, je donnerais
mon sang pour elle. Mais.... mon cher
C***, on est bien malheureux d'avoir des
enfans qui sachent si peu seconder nos
vues.

» — Il ne dépend pas d'eux d'être
sensibles ou de ne l'être pas.

» — Une chimère... si vous voulez...
mais caressée si long-temps !... Si ce
jeune homme seulement portait un
nom... honorable...

» — Il fera honorer le sien.

» — S'il était fils de quelqu'un...
qui...

» — Son père était soldat, selon toutes les apparences.

» — Ce n'est pas là être le fils de
quelqu'un. — Mais ce n'est plus de cela

qu'il s'agit en effet. Ma fille l'aime, ma fille se meurt; s'il n'y a pas d'autre moyen de la sauver, qu'il l'épouse et qu'elle me soit rendue. Nous ferons ce mariage incognito dans quelque province éloignée. Je me retirerai du monde, des affaires, je m'y confinerai avec eux.

» — Vous feriez tort au monde, à vous-même, vous manqueriez à vos obligations envers votre pays. Il faut que vous restiez, j'ai imaginé un moyen qui peut-être conciliera tout. Je voulais du bien à ce jeune orphelin, et il le méritait par ses qualités aimables; je ressens aujourd'hui pour lui une affection égale peut-être à celle que vous avez pour votre fille. Je n'ai pas d'enfans de mon mariage; je ne me remarierai pas; mes parens ne font pas

grand cas de moi vivant ; je ne tiens pas
à ce que mon bien leur soit après moi
un nouveau motif de consolation. Je
veux adopter Crescent, lui donner
mon nom, en faire mon héritier, le
reconnaître publiquement pour mon
fils.

» — L'adopter !

» — La loi me le permet; il y a assez
long-temps que je lui donne des soins
pour cela ; je commencerai dès aujour-
d'hui les démarches nécessaires.

— Ah ! mais... mon ami... voilà qui
serait à merveille... Ce serait digne d'un
homme comme vous... philosophe et...
Pourquoi diable ! n'avez-vous pas
pensé à cela plus tôt ?

» — Je n'en sais rien. Espérons qu'il
n'est pas trop tard. »

M. S*** changea aussitôt ses dispositions à l'égard de Crescent; il ordonna que le lit du jeune homme fût dressé dans son propre appartement. Le marquis fit dès l'instant même tous les actes requis pour l'adoption de celui que depuis long-temps il chérissait d'une affection paternelle. Pendant ces démarches, les jeunes gens auxquels on permettait de longs et fréquens entretiens et que d'habiles indiscrétions, conseillées par le médecin, mirent peu à peu au fait de ce qui se passait, les jeunes gens recouvrèrent en même temps la santé. L'adoption de Crescent par le marquis de C*** fut solennellement prononcée, et le mariage la suivit bientôt. Il fut pompeux et tel que pouvait le souhaiter M. S***; sa fille fut heureuse avec son jeune époux, et il en fut ravi; car il la chérissait vérita-

blement; mais il lui disait quelquefois
à part: « Je ne suis pas content de vous,
ma chère amie : vous n'inspirez pas
d'ambition à votre mari et c'est un tort.
Avec un nom comme le sien, il doit prétendre à tout. Si son père adoptif né-
glige volontairement certains avanta-
ges... c'est une affaire de position; cela
ne doit pas vous regarder. Rappelez-
lui que, pour être sa femme, vous avez
refusé un jeune homme qui avait la
pairie en perspective. »

FIN DU TOME PREMIER.

TABLE

DU

PREMIER VOLUME.

www.ingramcontent.com/pod-product-compliance
Lightning Source LLC
Chambersburg PA
CBHW071934090426
42740CB00011B/1705